伟 大 的 思 想
GREAT IDEAS

07

论艺术与生活
ON ART AND LIFE

〔英〕约翰·罗斯金 著
孙宜学 张改华 译

商务印书馆
The Commercial Press

ON ART AND LIFE
by John Ruskin
Selection copyright © Penguin Books Ltd
Cover artwork © David Pearson
Simplified Chinese edition copyright © 2023 by The Commercial
Press in association with Penguin Random House North Asia.
All rights reserved.

 "企鹅"及相关标识是企鹅兰登已经注册或尚未注册的商标。未经允许,不得擅用。
封底凡无企鹅防伪标识者均属未经授权之非法版本。

涵芬楼文化 出品

↣ **译者序**

约翰·罗斯金（John Ruskin，1819—1900年），19世纪英国"百科全书"式作家、艺术评论家、文学批评家、演讲家、社会改革家、政治改革家，一生著述丰厚，尤其在艺术批评方面，成为19世纪世界艺术的领军人物，被称为19世纪的预言家。其艺术理论建立于精确的实用观察基础之上，独树一帜。他被称为维多利亚时代艺术趣味的代言人，被誉为"美的使者""维多利亚时代的圣人""他那个时代最有创见的英国思想家""如高高的巨塔一般在他那个时代之上"。同时他也是一位思想深刻、学识渊博、才气横溢的散文大师，对托尔斯泰、普鲁斯特、甘地、王尔德等产生过深远影响。他的艺术论文，长于描绘，工于写景，讲究节奏，追求音乐效果；他的演讲说理清晰，风格质朴，通俗易懂，在19世纪的英国散文诸家中，独树一帜；他的美学思想一度成为维多利亚时代艺术批评的标杆。他的作品跨越文史哲、自然科学，以及政治、宗教、伦理、环境、教育等众多领域，有《罗斯金全集》39卷，其中代表作有《现代画家》《建筑的七盏明灯》《威尼斯之石》《芝麻与百合》等。

罗斯金在英国有"美的使者"之称，他一生为"美"而战斗，为艺术事业奉献了毕生的精力。罗斯金唤起了英国人对美的尊敬和对艺术更加明智而虔诚的关注。他表明，艺术应该在受过教育的人的生活中具有崇高的地位，对世界的美没有做出贡献的国家是不会被人铭记的。罗斯金的作品基于美，为了维护美，因此他批判一切毁坏美的人与事，也因此被称为时代的先知、美的先锋。

本书收入两篇文章，第一篇出自《威尼斯之石》，第二篇出自《两条道路》，但都是论艺术与生活的关系。第一篇文章以哥特式建筑为主题。在罗斯金看来，哥特式艺术一直被人误解，总被作为刻板僵硬的象征，但实际上哥特式精神源自现实生活，富于变化，遵循自然万物的生命规律，表现万物千变万化的形态，并通过建筑等赋予自然新的形态和生命，让人耳目一新。第二篇文章以铁在自然界、艺术及政治中的应用为主题，将铁之"硬"与艺术、自然之"软"的关系总结为相辅相成、相生相依的关系，并通过人们在生活中对铁的实际需要和对铁的滥用，指出技术与艺术的和谐标志就是艺术制造是否能满足人们的生活需要，是否能提升人们的生活质量，而人们生活质量高低的标准，则是是否顺从心性、顺从自然。显然，两篇文章都表明，能否表现人与自然的和谐，是罗斯金判断艺术价值的最主要标准。这也说明，罗斯金的艺术观，是基于对现实生活的热爱和对自然的热爱。

罗斯金的文字过于古奥，句式复杂多变，且将艺术与宗教、艺术与地理、艺术与工业、艺术与生活、艺术与建筑等结合起来，简直是百科全书。翻译罗斯金的作品，我主要出于尊敬，而非热情。2003年前后，有感于当时中国学界对罗斯金的相对忽略，我给广西师范大学出版社策划了"西方近代思想文化经典译丛"，给中国人民大学出版社策划了"家庭书架"，其中都收入了罗斯金的作品，如《现

《现代画家》《前拉斐尔主义》等。罗斯金的作品是译者的敬畏之地、惊悚之地，水很深且水底布满礁石。译稿完成后，我对每一部译稿都进行了认真校改，甚至大量重译。我也借此契机着手整理翻译罗斯金的作品，不久后，由我组织翻译的《罗斯金文集》也会在商务印书馆出版，这应该是迄今国内最系统完善的罗斯金文集。

  写下这段文字，我似乎对罗斯金有了一些亲近感，他为人可能古板，文字却并不生硬，文字背后更是充满对众生的热爱。因此，我希望以自己的翻译经历，让之前因与我一样的误解而与罗斯金擦身而过的译者，能投身于罗斯金作品的翻译，让这样一个时代艺术批评的集大成者，在中国遇到更多的知音。

孙宜学

目 录

第一章　哥特式建筑的实质　　　　　　　　1
第二章　自然界、艺术及政治中铁的应用　　65

第一章　哥特式建筑的实质

如果读者回顾一下在第一卷第一章[1]中我们对主题的划分，他将会发现，我们现在即将考察的威尼斯建筑流派，构成了拜占庭建筑和哥特式建筑之间的过渡阶段；但我发现将其与后一种风格联系起来考虑可能更方便。为了能够辨别这种变化的每一步的趋势，明智的做法是从一开始就对其最终结果形成一些总体概念。我们已经知道，拜占庭式建筑就是这种过渡风格的产物，但我们应该对产生于它的哥特式建筑有所了解。因此，本章我将尽力为读者提供一个关于哥特式建筑——这种称呼恰如其

---

1. 即《威尼斯之石》的第一卷第一章。——原注［本书注释若无另注，均为原注］

分——真实本质的广义且明确的概念；不仅仅是威尼斯的哥特式建筑，而且包括一般意义上的哥特式建筑；因为这将是我们后续研究中最有趣的部分之一，我们要发现威尼斯建筑在多大程度上达到了普遍或完美的哥特式，以及它距离哥特式建筑还有多大的距离，或是在多大程度上采取了外国的独立形式。

这样做的主要困难源自这样一个事实，即哥特时期的每一座建筑在某些重要方面都彼此不同，并且许多建筑所包含的一些特征，如果出现在其他建筑上，则根本不会被认为是哥特式的。因此，我们所要推理的只是——如果允许我这样表达的话——我们考察的每座建筑所表现的哥特式特征是多还是少。正是这种哥特式——我们根据这种特征在建筑物上所表现出的多或寡，判断一座建筑物在多大程度上是哥特式的——我想定义其本质；但这样做也会遇到困难，这是任何人（比如试图解释红色的本质，但实际上却没有任何红色的东西，而只有橙色和紫色的东西可以依赖的人）都会遇到的困难。假设他只有一片石楠花和一片枯死的橡树叶来做这种研究，他可能会说，如果把橡树叶中的黄色和石楠花中的蓝色混合在一起,颜色就会是红的,如果你能把它们分离出来的话;但是,要使这种提炼过程完全让人理解是很难的;而要提炼哥特式特征比这要难得多,因为这种特征本身是由许多混合概念组成的,并且只能存在于它们的统一之中。也就是说,尖拱不是哥特式的构成要素,圆屋顶也不是,飞檐也不是,怪诞的雕塑也不是;但所有这些或其中一些,再加上其他许多东西,一旦聚集在一起就拥有了生命。

我们也注意到,在进行定义时,我只应尽力分析我认为已在读者脑子里存在的想法。对哥特式这个术语,我们所有人都有某种想法,而且大多数人的理解还都非常明确,但我知道,许多人脑子里有这个想法,但却不能定义它:也就是说,他们能大致理解威斯敏斯特修道院是哥特式的,而圣保罗大教堂不是;斯特拉斯堡大教堂是哥特式的,而圣彼得大教堂则不是。然而,他们却无法清楚地知道他们在其中一座建筑上确认,而在另一座建筑上错失的哥特式特征是什么,例如,哪些特征使他们可以说出威斯敏斯特或斯特拉斯堡大教堂上的哥特式特征属于这种优良的、纯粹的哥特式建筑;更不用说什么不起眼的建筑了,如圣詹姆斯宫或温莎城堡,就难说其中有多少是确切的哥特式元素,还缺多少哥特式元素。我相信,这项研究让人愉悦且受益良多;在追索我们心中这个灰色的、阴暗的、多尖顶的哥特精神形象,并辨别出它与我们的北方心灵之间的友情时,我们会发现某种异乎寻常的乐趣。在研究的任何环节,如果我的观点与读者先前形成的任何概念相异,运用"哥特式"一词时附加了他们所不赞同的意义,我并不会要求他们接受我的观点,而只是请他们研究和理解我的解释,这对理解我们接下来的工作也有必要。

因此,我们要像化学家分析矿物质原材料那样分析哥特式特征,原材料中夹杂着许多异物质,本身可能并不纯净,或者永远无法获得纯净的形式或看到其纯净的形式,哪怕只是一瞬间;但无论如何,不管一种东西在外观上如何复杂或混乱,它都具有明确且独特的本质。现在我们要说的是,化学家是通过两种彼此不同的特性来定义矿物质的:一种是外在的,其晶体形状、硬度、光泽等;一种是内在的,其组成原子的比例和性质。而我们以完全一样的方式,则可以发现哥特式建筑也有外在的形式和内在的元素。它的元素就是其中所清晰表达的建造者的某些心理倾向：如幻想、喜爱变化、爱好富丽等等。它的外部形式是尖拱、圆屋顶等。除非元素和形式都具备，否则我们无权称其为哥特式风格。如果它没有力量和生命，只有形式是不够的；如果它没有形式，只有力量也是不够的。因此，我们必须依次追索它的每一种特征，并且首先要确定什么是名副其实的哥特式建筑的精神表达，其次确定什么是其物质形式。

首先，表达的精神力量。我们必须发现，哥特式建筑的建造者在他们的作品中喜欢，或本能地表达了哪些与其他建造者所不同的特征。

让我们暂且再来谈谈化学，并要注意，在基于矿物质的构成成分来定义一种矿物质时，构成矿物质的不是它们中的这一个或那一个元素，而是所有元素的集合：例如，粉笔的构成元素既不是木炭，也不是氧，也不是石灰，而是这三种元素在某种程度上的组合；在粉笔内的不同东西里都能发现这三种元素，但在木炭或氧气内没有任何像粉笔的东西，但它们又都是构成粉笔所必不可少的元素。

因此，我相信，哥特式的特征或精神元素，若以重要性论，顺序如下：

1. 粗犷。

2. 多变。

3. 自然主义。

4. 奇异。

5. 坚硬。

6. 冗余。

这里所表述的这些特征为建筑所共有。若论建筑师的风格，则可以这样表述：1.粗犷或粗鲁。2.爱变化。3.热爱大自然。4.纷乱的想象。5.固执。6.慷慨。我再说一遍，抽出任何一种或两种元素都不会立马破坏建筑的哥特式特征，但若移走大部分元素就会了。下面我将依次研究它们。

粗犷。我不确定"哥特式"这个词何时第一次普遍应用于北方的建筑；但我认为，无论是哪一天第一次使用这个词，它都暗含指责之意，表达了出现该建筑的国家的野蛮性。这个词从来没有暗示这个国家的建筑属于真正的哥特式脉系，更不是说他们的建筑最初就是由哥特人自己发明的。但它确实意味着，这个国家及其建筑共同表现出一定程度的严厉和粗犷，而这与南方和东方国家的特性构成了鲜明对比，就像哥特人和罗马人第一次相遇时所构成的永恒对比。当堕落的罗马人已极度无力承担自己的奢侈，并且也无法再为自己的罪恶感到骄傲时，他们成为文明欧洲的模仿典型，而在所谓的黑暗时代就要结束时，哥特式成了一个完全表示蔑视的词，且夹杂着厌恶。从那种蔑视开始，通过本世纪古物研究者和建筑师的努力，哥特式建筑已经得到了充分的证明；也许我们中的一些人，出于对其结构的宏大科学及其表现形式的神圣性的钦佩，可能希望消除其在古代所受到的指责，而以其他一些更明显的荣耀取而代之。这种替代没有机会，也没有必要。只要这个指责性的词用来表达轻蔑之意，那就用错了这个词，但这个词本身并没有指责之意，这才是正解；恰恰相反，人类的本能几乎可以下意识地认识到深奥的真理。北方的建筑粗犷而狂野，这是真的，非常非常真实，但我们若因此而去指责或鄙视它，却并不恰当。远非如此：我相信正是这种特色，使它值得我们最真挚的敬意。

现代科学所绘制的世界地图，将海量知识的表达抛入一个狭小的空间，但我迄今还从未见过任何一种地图，足以让观者想象出南方与北方国家之间的物理特征差异。我们知道细节上的差异，但我们没有那种宽广的视野和理解，所以无法感受到它们的完整性。我们知道，龙胆生长在阿尔卑斯山，橄榄生长在亚平宁山脉；但我们不足以想象出鸟类在迁徙过程中所看到的世界表面上的各种色彩，不足以想象出顺着西罗科风飞翔的鹳和燕子远远看到的龙胆和橄榄生长区之间的差异。让我们暂时把自己拔高一下，跃到它们的飞行高度之上，想象一下地中海就在我们下面，就像一个不规则的湖泊，它一切亘古就有的海角都在阳光下沉睡：愤怒的雷声此起彼伏，阴沉的风暴飘过燃烧的大地；到处都是团团凝固般的白色火山雾，周围环绕着一圈圈火山灰；但在大多数情况下，在叙利亚和希腊、意大利和西班牙，伟大的和平之光就像一条金色的人行道，一直铺到蔚蓝的海面上，当我们屈身走近它们时，它们追逐着连绵的山脉，展露出岁月的斑驳，梯田花园映射着柔和的光辉，花儿散发出浓郁的乳香，就在一簇簇的月桂树、橘子和羽毛状的棕榈树之中，它们用自己灰绿色的阴影减弱了大理石和向光闪闪的沙滩延伸的斑岩壁的酷热。接着，让我们继续向北走，直到看到东方的色彩逐渐变成一条广阔的、雨后才有的那种绿色带,那是瑞士的牧场、法国的杨树山谷、多瑙河和喀尔巴阡山脉的黑森林,透过雨云灰色旋涡中的裂缝和溪流薄雾的面纱,可以看到它们从卢瓦尔河河口到伏尔加河河口一路延伸,顺着牧场逐渐走低;然后,我们继续再往北走,可以看到,大地开始出现大片大片的巨大岩石和荒凉的沼泽,与广阔的、暗紫色的荒地和林带接壤,在北方的海洋中分裂成不规则且令人恐怖的岛屿,经受着风暴的袭击,因冰流而冰凉,承受着一阵阵狂暴海流的冲击,直到最后一片森林的树根在山沟中消失,怒吼的北风吹落了它们的树叶,只剩下枝丫;最后,像铁一样坚固的冰墙,像死亡一样,在极地的暮色中凝固,洁白的牙齿与我们对峙着。

而一旦我们在思想上跨越了地球上不同层次、不同色彩的带状区域的浩瀚,我们就可以更接近它,以观察动物生活带的平行变化;我们可以看到无数敏捷而机灵的生物生活在空中和海洋中,或在南部的沙滩上漫步;斑马和金钱豹,闪着鳞光的蛇,成排成排的紫色和猩红色的鸟。让我们对比一下北方的动物群落,看看它们娇嫩、鲜艳的色彩和迅捷的动作。我们可以比较一下它们色彩的优雅和光泽、动作的敏捷、顽强的力量、毛茸茸的皮肤和暗黑色的羽毛；我们也可以比较一下阿拉伯马和设得兰群岛的马，比较一下老虎、金钱豹与狼、熊，羚羊和大角鹿，天堂鸟与鱼鹰；然后，我们就会更温顺地承认始终统治着地球及地球上一切事物的伟大法则，让我们不要谴责，而是要为人类能够在自己的诞生之地上栖息繁衍而感到欢欣鼓舞。让我们敬畏地注视着他将红宝石并排放好，并抚平玉石柱上柔和的雕刻，柱子高耸在苍穹，向澄碧无云的天空反射出无尽的阳光：当他用粗蛮的力量，匆忙地在他从沼泽地中挖出的岩石上凿出粗陋的壁画，将一堆铁扶壁和凹凸不平的墙壁抛入黑暗的空中，本能地运用着自己北海一样狂野而任性的想象力时，让我们同样敬畏地站在他身边；他创造的生命外形怪异、四肢僵硬，却充满着狼一般的生命力；狂暴如拍击他的狂风，多变如遮蔽他的云彩。

我再说一遍，这里没有贬损，没有责备，只有尊严和荣耀：我们要是拒绝承认这种思想的狂放和粗陋的工作应该可能是北方现有建筑的本质特征，或值得赞赏的特征，那我们应是犯下了严重错误；大教堂和阿尔卑斯山外表之间的这种山地兄弟一样的相似关系；这种宏伟强大的力量，纤细的指尖因为冰冷的寒风而不敢触摸，眼睛被沼泽的薄雾模糊得迷离，或因冰雹睁不开，这些只使北方建筑的出现显得更加有力；人类可能不会从地球上收集到多余的果实，也不会沐浴在梦幻般的温和阳光下，但他们必须打破岩石以获得面包，劈开森林以获得火种，并在他们挥动斧头或压犁耕作时养成了手臂和心灵上的一些固定习惯，哪怕只是为了自己的快乐而劳作，这些都能使人类爆发出强大的精神力量。

然而，如果哥特式建筑的野蛮只是作为其起源于北方国家的一种表现形式，在某种意义上则可被视为一种高贵的特质，而即使被视为一种宗教原则而非气候的标记时，它仍然具有更高贵的气质。

人们注意到，建筑装饰系统——这是其恰当的称呼——可以分为三个系统：1.附属性装饰，低等级工匠的执行或力量完全服从上级的智慧；2.结构性装饰，较高等级的执行能力在一定程度上得到了解放和独立，具有自己的意志，但承认自己的卑微，服从上一级的权力；3.革命性装饰，根本不承认执行能力的低劣。此处我必须要稍微详细地解释一下这些划分的性质。

关于附属性装饰，主要流派是希腊派、尼尼微派和埃及派，但他们的附属性彼此不同。希腊工匠大师在知识和能力方面远超亚述人或埃及人。无论是他还是他为之工作的人，都无法忍受任何事物外观上的不完美；因此，他指定让下属完成的装饰仅仅是由几何形式——球、脊和完美对称的树叶——构成，可以借助线条和画线板绝对精确地完成，完成后就像他自己的人物雕塑一样完美。相反，亚述人和埃及人对任何事物的精确形式都所知甚少，他们满足于让低等级工匠完成自己的人物雕塑，但将其处理方法降低到每个工人都可以达到的标准，然后用非常严格的纪律训练工人，以至于他们都没有机会低于指定的标准。希腊人不会给低等级工人任何他不能完美实施的主题。亚述人则给他们一些他只能不完美实施的主题，但为他们的不完美制定了法律标准。在两个系统中，工匠都是奴隶。

但在中世纪的装饰系统，或者说，特别是在基督教的装饰系统中，则完全废除了这种奴隶制。无论大事小事，基督教都承认每个灵魂的独立价值。但它不仅承认其价值，还承认自己的不完美，而只有在承认自己微不足道时才会获得尊严。承认失去的权力和堕落的本性，希腊人或尼尼微人都感到极其痛苦，并且尽可能完全拒绝，基督徒则每日每时都承认这些，并且无所畏惧地思考这一事实，最终服从于上帝更大的荣耀。因此，基督教对召唤来为自己服务的每一种精灵的劝诫都是：做你所能做的，坦承你所不能做的；既不要因为害怕失败而减少你的努力，也不要因为害怕羞耻而不忏悔。哥特式建筑学派主要的可敬之处也许就在于此，他们因而接受了低等思想的劳动成果；从充满不完美的碎片中，在每一次接触中都暴露出这种不完美，宽容地建立起一个庄严而无可指责的整体。

但是，现代英国人的思想与希腊人的思想具有颇多共同之处，即都强烈渴望在所有的事物中都达到与其本性相符的最大程度的完善或完美。这是一种抽象的高尚品性，但一旦它使我们忘记本性自身的相对尊严，而更喜欢低级本性的完美，而非更高级本性的不完美时，它就变得卑鄙了；但我们不能这样说，即根据这样的规则判断，所有的野兽都比人更优越，因为它们的功能和种类更完美，而野兽总是比人更低级，在人的作品中也是如此，那些在同类中更完美的人，总是不如那些本质上更容易犯错和有缺点的人。本性越精细，越易在袒露过程中露出瑕疵；这是这个宇宙的法则之一，最好的事物最少呈现出最好的形式。野草茁壮生长，一年复一年；但小麦，因为本性更高贵，所以更容易得严重的枯萎病。因此，虽然我们在一切所见或所做之事上都渴望完美，并为之努力奋斗，但我们不应将在卑微之事上的狭隘成就，凌驾于崇高事物的伟大进步之上；不要把平整的微小置于破碎的威严之上；不能宁要卑微的胜利也不要光荣的失败；不要降低我们的目标水平，以便我们能更肯定地享受成功的满足。但是，最重要的是，我们在与别人的灵魂打交道时，我们要注意如何通过严格的要求或狭隘的谨慎，来检查可能会导向一个高尚问题的努力；更重要的是，我们如何抑制住对伟大的卓越人士的崇敬，因为他们也混杂着粗鄙的缺点。现在，我们雇用的每个从事手工劳动的人，无论他们多么粗鲁或简单，在其构造和本性中，都有一些力量可以做更好的事；即使在最坏的情况下，他们也有迟缓的想象力、迟钝的情商、摇摆不定的思想；在大多数情况下，它们迟缓或迟钝也全都是我们自己的错。但要使他们得到加强，我们就得乐于接受他们的弱点，就得珍视和尊重他们的不完美，而不是他们最好和最完美的手工技能。这就是我们与所有劳动者都要保持的关系；我们要寻找他们**富有思想**的部分，并从他们身上获得这种思想，不管为此我们会失去什么，不管为此我们不得不承担什么过失和错误。因为他们身上最好的东西不会自证，而是伴随着很多错误。清楚地明白这一点：你可以教一个人画一条直线，剪断一条线；画出一条曲线，雕刻它；并以令人钦佩的速度和完美的精度，复制和雕刻任何数量的特定线条或形式；你会发现他的作品在同类中是完美的；但是如果你让他思考其中的任何一种形式，考虑一下自己头脑中是不是还有更好的东西，他就会停下来；他工作时就会犹豫不决；他会想，十之八九他想错了；作为一个有思想的人，他第一次接触工作时十之八九会犯错误。但是你已经把他那样的人都变成了这样的人。以前他只是一台机器，一个动的工具。

　　请注意，你在这件事上面临着严峻的选择。你要么把人变成工具，要么把他变成人，不能两者兼得。人不想以工具的精确性从事工作，一切行动都精准和完美。如果你想让他们拥有那样的精确度，让他们的手指像齿轮一样测量度数，让他们的手臂像两脚规一样画出曲线，你就必须让他们失去人性。必须将他们的所有精神力量都用于制造他们自己的齿轮和两脚规。必须使他们将所有的注意力和力量都用于完成卑微的动作。必须使他们灵魂的眼睛全神贯注于指尖，灵魂的力量则必须充满所有指引它的看不见的神经，每天十小时，这样基于它的精确度就不会出错，而灵魂和视力也因此被磨损殆尽，最后整个人都消失了——只留下了一堆锯末屑，就人在这个世界上的智力工作而言：能救他的只有心灵，而心灵无法变成齿轮和圆规的形状，但十个小时结束后，它就延伸进炉边的人性里。另一方面，如果你要把一个劳作的动物变为人，你就不能制造工具。你只需让他开始想象、思考、尝试做任何值得做之事；机械转动的精度立即丢失。他所有的粗鲁、迟钝、无能都暴露出来了；耻辱加耻辱，失败加失败，停顿又停顿：但他的全部尊严也都显露出来了；当我们看到落在他身上的云彩时，我们才知道他的高度。而云彩是亮还是暗，云后和云内都在发生着变化。

现在，读者，环视一下你的这个英式房间，你经常引以为傲的房间,因为它的做工如此出色和坚固,它的装饰也如此完美。再次检查一下所有那些精确的造型、完美的抛光以及时令的木材和淬炼过的钢铁的准确调整。你多次为之欢呼雀跃,以为英国多么伟大,因为她连最微不足道的工作都完成得如此彻底。唉!如果解读正确的话,这些完美恰是我们英国奴隶制的标志,这比饱受苦难的非洲或希腊的奴隶制要更苦一千倍,也更堕落。人可能会被殴打、套上枷锁、受尽折磨,像牛一样被奴役,像夏天的苍蝇一样被捕杀,但在某种意义上,在最好的意义上说,人仍然保持着自由。但用它们来扼杀他们的灵魂,将人类智慧的鲜嫩新枝劈裂成枯萎、腐烂的碎枝,将皮和肉变成控制机械的皮带——而通过蠕虫的劳作,肉和皮本来是要去见上帝的——这是名副其实的奴隶主;在英国可能还有更多的自由,尽管她的封建领主随便说几句话就能要一个人的命,尽管愤怒的农夫的鲜血滴在她田地的犁沟中,但当她民众的生命像燃料一样被送到工厂变成烟,他们的力量每天被当成废料一般制成精细的网,或锻打成精确的线条时,英国人感受到了这种自由。

  而另一方面,再趋前审视一下古老的大教堂前门，在那里，因为老雕塑家奇怪的无知，你如此频频微笑：再次检视那些丑陋的怪物，无形无踪的怪物，严肃的雕像，它们不讲结构，生硬古板；但不要嘲笑它们，因为它们是每一个凿击石头的工人的生命和自由的标志；思想自由和生命等级的自由，这是没有法律、没有宪章、没有慈善机构可以保证的自由；但这必须是今天全欧洲都要为她的孩子们重新争取的首要目标。

不要认为我是在胡言乱语或夸大其词。正是这种堕落把工人变为机器，它比这个时代的其他任何罪恶都更能导致世界上的许多民族为争取一种他们无法向自己解释其本质的自由而进行着徒劳的、不连贯的、具有破坏性的斗争。他们一致反对财富、反对贵族，这不是源于饥饿的压力，或被羞辱的自尊心受到了伤害。这些人做了很多，而且在各个时代都做了很多；但社会的基础从未像今天这样被动摇过。这并不是因为人们吃不饱，而是因为他们在制作面包的工作中没找到乐趣，因此将追求财富视为唯一的快乐手段。男人不是因上层阶级的蔑视而痛苦，而是他们不能忍受自己的蔑视；因为他们觉得，自己被谴责的那种劳动，实在是一种让人羞耻的劳动，使他们人不像人。上层阶级从未像他们今天这样对下层阶级如此同情，或对他们施以仁慈之心，但也从未如今天这样被他们如此憎恨过：因为，从古至今，贵族与穷人之间的隔离只是法律建造的一堵墙；现在则是名副其实的地位高低悬殊，在人性的田园里，上层地界与下层地界之间有天壤之别，而在底部则是瘟疫之气。我不知道是否会有那么一天，自由的正确本质能得到人们的理解，人们会看到，服从另一个人，为他工作，尊重他或他的地位，这不是奴役。这通常是最好的自由——自由自在的自由。一个人对另一个人说，去，他就去了，而对另一个说，来，他就来了，在大多数情况下，这个人比服从他的人更能感觉到压制和困难。一个人的行动被他肩上的重担阻碍了；另一个人被他嘴唇上的笼头限制了：这种负担是没有办法减轻的；但是，如果我们不咬笼头，我们就不会受笼头之苦。尊重他人，让我们自己和同样的人任由他支配，这不是奴役，这通常是一个人可以在这个世界上生活的最高尚的状态。的确，有一种尊敬是奴性的，那就是非理性的或自私的尊敬；但也有崇高的尊敬，即合理的和有爱心的尊敬；当人保有这种尊敬时，他就是最高贵的人；不，即使感情超越了纯粹理性的界限，因此成为爱，养育人的仍是它。实际上，这包含了他身上的大部分奴性——那个昨天躺着等自己雇主的爱尔兰农民，他的滑膛枪枪口穿过了破烂的篱笆；或者那个两百年前在因弗基辛为首领献出自己和七个儿子生命的山地老仆人？——当一人倒下时，也呼唤自己的兄弟赴死，"又有人为赫克托耳而死！"因此，在每个时代和每个国家，人们都相互尊重和相互牺牲，不但没有抱怨，而且只有欢乐；饥荒、危险、刀剑、一切罪恶、一切耻辱，都为了国王和主人的事业而心甘情愿承受下来；因为所有这些心灵的赠品使敬献者和接受者同样高贵，本性使然，上帝回赠牺牲。但去感受一下他们正在萎缩的灵魂，不需接受感谢，去发现他们整个人都沉入了一个未知的深渊，被算进一堆用轮子编号的机制之中，用锤子的敲击称重量——这，本性不能发令——这，上帝也不能保佑——这，人类不会忍受很久。

最近，我们对劳动分工这一伟大的文明发明进行了大量研究和完善；只是我们给它起了一个假名。说实话，分工的并不是劳动，而是人——被分成了一块块的——被打碎成了生命的小碎片和碎屑；因此，所有人仅存的智慧的小碎片都不足以制成一根针，或一枚钉子，而是在制造针尖或钉头时就耗尽了自己。现在，一天之内就能制成许多针，这确实是一件好事，令人满意；但如果我们只能看到针尖是用什么水晶砂打磨的——那么人类灵魂的砂砾，需要放大很多才能看清它是什么——我们应该想到也可能会有一些损失。我们正在建造的所有城市都在发出响亮的叫喊，比熔炉爆炸的声音还响，所有这些都完全是因为这个——我们制造一切，只除了人；我们漂白棉花、锻造钢铁、提炼糖、制作陶器；但让一个活的灵魂睿智、强大、精纯、成形，却从未成为我们优先考虑的事情。而那种正呼唤我们无数人都要面对的所有罪恶，只能以一种方式遇到：不是通过教导或说教，因为教导他们只是向他们展示他们的悲惨，并向他们说教，如果我们只说教，那就是在嘲笑它。只有所有阶级都正确理解了什么样的劳动对人有益，能养育他们并使他们快乐；通过坚决牺牲只有凭借工人的堕落才能得到的这种便利、美丽或廉价；通过同样坚决要求健康和高尚劳动的产品和成果，才能遇到那种罪恶。

有人就会问了，这些产品如何才能认出来，这种需求如何受到监管？容易，通过遵守三个宽泛而简单的规则：

1. 在不包括发明成分的物品生产中，永远不要鼓励制造任何非绝对必要的物品。

2. 永远不要因为它本身的目的而要求精确地完成它，而要为了一些实用或高尚的目的。

3. 永远不要鼓励任何形式的模仿或复制，除非是为了保存伟大作品的记录。

这些原则中的第二个，是唯一直接源自对当前主题的思考；但我也将简要解释第一个原则的含义和范围，换个地方再谈第三种原则的执行情况。

例如，玻璃珠是完全不必要的，在生产过程中没有采用任何设计或思想。先将玻璃拉成棒，再用人工切成珠子大小的碎块，然后再在炉子里滚圆，玻璃珠就做成了。切玻璃棒的人整天坐着工作，他们的手以一种恒动而巧妙、有节奏的抖动，让珠子像冰雹一样在抖动中落下。无论是他们，还是拔出玻璃棒或黏合碎片的人，都丝毫没机会运用任何单一的人的能力；因此，每一个买玻璃珠的年轻女士都在从事奴隶贸易，而且比我们这么久以来一直努力消除的贸易更加残酷。

但玻璃杯和器皿可能会成为精妙发明的主题；在购买这些产品时，如果我们为发明付费，也就是说，为美丽的形式、颜色或雕刻付费，而不仅仅是完成规定的工序，我们就是在为人类造福了。

因此，我再说一次，在一切通常的情况下，切割宝石几乎不需要任何脑力消耗；为避免瑕疵，等等，需要一些才智和判断力，但没有什么东西能显现出全部思想。因此，每个只为了切割的珠宝的自身价值而佩戴它们的人，都是逼迫他人做奴隶的人。

但是金匠的工作，以及成批的珠宝和珐琅装饰品的各种设计，可能会成为最高尚的人类智慧的主题。因此，花钱购买精心设计的盘子、珍贵的雕刻花瓶、浮雕或珐琅，就对人类有益；并且，在这种工作中，可以用珠宝来增加它的光彩；随后对它们的切割是为达到崇高的目的而付出的代价，因而是完全可以允许的。

我或许还会在其他地方进一步强调这条法则，但我们最直接关注的主要是第二条，即当不能创造一个崇高的结局时，就永远不要求精准完工。为了表述方便，我只是讲述了哥特式的粗糙，或其他任何一种类型的不完美,并称之为令人钦佩,而没有这一点,就不可能获得设计或思想。如果你拥有一个粗鲁无知者的思想,你就必须以一种粗暴无知的方式拥有它;但对一个受过教育的人而言,他则可以毫不费力地以文明人的方式表达自己的想法,采取优雅的表达方式,并表示感谢。只需**获得思想**,而不要让农民沉默不语,只因为他语法表达不佳,或直到你教好他语法。语法和精细化都是好东西,两者都是,只需首先确定哪一种更好就可以。因此,在艺术中,精致的最后一道工序只可寄希望于最伟大的大师,并且总是由大师们赐予。在有些地方,米开朗琪罗、莱昂纳多、菲迪亚斯、佩鲁吉诺、透纳,都用最细腻的心思完成了这种艺术;而他们的最后一道工序总是会导致他们的崇高目标可以得到更充分的实现。但是比他们等级低的人就无法完成最后一道工序,因为要圆满完成最后的工序需要全面的知识,然后我们必须接受他们的思想。所以规则很简单:总是首先寻找发明,然后再寻找有助于发明的这种实施程序,并且发明者不用经过痛苦的努力就能做到,*仅此而已*。最重要的是,在没有思想的地方不要求精益求精,因为那是奴隶的工作,无可挽回的工作。宁可选择粗活,也不要选择细活,只有这样才能达到实际目的,不要想象有什么理由可为任何可用耐心和砂纸完成的事情感到自豪。

我下面只举一个例子,然而它会向读者表明我的意思,这个例子我们已经提到过,即玻璃的制造。我们现代的玻璃在质地上非常透明,形状真实,切割精确。我们引以为豪。我们应该引以为耻。旧的威尼斯玻璃是不透明的,各种形状都不精确,而且切割得也粗陋,如果有的话。老威尼斯人都有理由引以为豪。因为英国和威尼斯的工人之间存在这种差异,前者只考虑精准匹配他的图案,使他的曲线完全真实,边缘完全锋利,成为纯粹的圆弧和锐边的机器;虽然这位老威尼斯人毫不在意他的边线是否锋利,但他为自己制作的每一块玻璃都发明了一种新的设计,并且若没有新奇巧计,他一个把手或唇边都不会塑。因此,虽然有些威尼斯玻璃由笨拙和缺乏创造力的工人制作时已经够丑陋和笨拙了,但其他威尼斯玻璃的形式却如此可爱,以至于成了无价之宝;我们永远不会看到重样的形式。现在你也不能拥有成品和变化的形式。如果工人在考虑他的边线,他就不能考虑他的设计;如果他在想着自己的设计,他就想不到自己的边线。选择你是否愿意为可爱的形式或完美的饰面买单,同时选择你是要让工人成为人还是磨刀石。

不,但读者打断了我——"如果工人能做出漂亮的设计,我就不会把他关在炉子前。让人带走他吧,把他变成一个绅士,给他一个工作室,就在里面设计他的玻璃,我会让普通工人为他吹制和切割,这样我也会有自己的设计和成品了。"

所有这类想法都建立在两个错误的假设之上:第一,一个人的思想可以由或应该由另一个人的双手来具体实施;第二,劳力者若被劳心者所控制,那手工劳动就是一种退化。

在很大程度上,在由线条和规则所决定的工作中,一个人的思想应该由他人的劳动来实现,这确实是既可能又必要的;在这个意义上,我已经将最好的建筑定义为用童年时期的手表达出成人时期的思想。但从一个更小的角度看,在一个无法精确定义的设计中,一个人的思想永远无法被另一个人表达:发明者的精神与服从指示的人的精神特性之间的差异,通常是一件伟大的艺术品和一件普通的艺术品之间的全部区别。

原作和二手作品之间的差距有多大,我将努力在别处予以展示;在这里,我们的主要目的并不是要指出另一个更致命的错误,即蔑视受智力支配的体力劳动;因为在智力的控制下轻视它,与为了它本身而珍视它一样,都是一种致命的错误。在这些日子里,我们一直在努力将两者分开;我们希望一个人总是在思考,另一个人总是在工作,我们称一个人为绅士,另一个为个人;而工人应该经常思考,而思考者应该经常工作,从最好的意义上说,两者都应该是绅士。事实上,我们让两者都不优雅,一个善妒,另一个善鄙视他的兄弟;社会大众是由病态的思想家和悲惨的工人组成的。现在唯有靠劳动才能使思想健康,唯有靠思想才能使劳动快乐,若将两者分离,是要受到惩罚的。如果我们所有人都成为某种称职的手工艺人,并且彻底消除体力劳动的耻辱,那就好了;因此,虽然在贵族和平民之间的种族差别仍然鲜明存在,但在后者之间,不应有职业之间的明显区别,例如闲散者和劳动者之间,或者自由职业者和非自由职业者之间,都不应有差别。所有的职业都应该是自由的,对职业特殊性的自豪,不应该少于对卓越成就的自豪。而更重要的是,在每一个职业中,没有任何大师应该因为骄傲而不从事最艰苦的工作。画家应该打磨自己的颜色;建筑师和自己的工人一起在泥瓦匠的院子里工作;制造大师本人就是熟练工,比自己工厂里的任何工人都更有技巧;人与人之间的区别仅在于经验和技能,而这些人必须能自然而公正地获得权威和财富。

如果我要继续研究这个有趣的话题,我就应该远离手头的事情。我相信,我所说已足以向读者表明,我最初提出"哥特式"一词受到的谴责之一是粗鲁或不完美,当正确理解时,确实是基督教建筑最崇高的特征之一,不仅是一种高贵的特征,而且是**根本的**特征。这似乎是一个奇妙的悖论,但它仍然是一个最重要的事实,即只有完美的建筑才是真正高贵的。这很容易证明。既然我们假设,能够把一切都做得完美的建筑师不能仅凭自己的双手完成全部工作,那他必须要么在古希腊把他的工人变成奴隶,要么按照英国的方式,将他的工作能力降到奴隶的水平,这是降低了他的能力;否则,他就必须将工人保持在自己发现他们时的水平,让他们展示自己的弱点,同时展示他们的力量,这将涉及哥特式的不完美,但呈现出来的整个作品将像时代所能赋予它的智慧一样高尚。

但该原则还可以进行更广泛的说明。我只限于建筑说明这一原则,但我不能让人觉得它好像只适用于建筑。迄今为止,我所用的"不完美"和"完美"这两个词,只是为了区分非常不熟练的工作和具有平均精度和科学水平的工作;我一直在恳求,任何程度的不熟练都应该被承认,只有这样,劳动者的思想才有表达的空间。但是,准确地说,无论如何,都没有任何优秀作品可能是完美的,**对完美的要求都只是误解艺术目的的一种标志而已。**

这出于两种原因,都基于永恒的原则。第一个原因是,没有哪个伟人在到达失败点前会停止工作;也就是说,他的思想总是远远领先于他的行动,而后者会在努力跟随它的过程中时不时做些让步;此外,对自己工作中的次要部分,他总是只给予它们需要的次要关注;而且,因为他的伟大,他已经如此习惯于对自己所能做的最好的事情也都感到不满,以至于在对自己感到厌烦或愤怒的时刻,即使旁观者也不满意,他也不会在乎。我相信,只有一个人不承认这种必要性,并始终努力臻于完美,他就是莱昂纳多;他徒劳努力的结果不过是他会花十年时间专注于一幅画，然后放弃，使之成为未竟之作。因此，如果我们要让伟人尽力工作，或者让少数人尽其所能，它们的工作无论多么美丽，也都是不完美的。人类的工作中，只有不好的工作以自己不好的方式才能完美。[1]

第二个原因是，在某种程度上，对我们所了解的一切生活来讲，不完美都是必不可少的。它是凡人肉体的生命标志，也就是说，它是进步和变化的一种状态。任何有生命的事物都不是，也不可能是全部完美的；它的一部分正在腐烂，另一部分则正在新生。毛地黄开花——三分之一是蓓蕾，三分之一是败落，三分之一是盛开——这就是这个世界上的生命的一种形态。在所有生命中，都存在某些不规则和缺陷，它们不仅是生命的迹象，而且也是美的源泉。没有哪一个人脸上的轮廓线是完全相同的，没有哪一片叶子的叶边是完美的，没有哪一根树枝是对称的。所有人都承认，不规则暗含着变化；而消除不完美就是破坏表达、抑制劳作，就是使活力

---

[1] 很多人认为埃尔金大理石雕是"完美的"。其最重要的部分确实接近完美，但只此而已。衣褶未完成，动物的毛发未完成，雕带的整个浅浮雕切割粗糙。

麻痹。一切事物都因为不完美而更好、更可爱、更受人喜爱,因为不完美是神定的,人类生活的法则可能是努力,人类判断的法则是慈悲。

那就接受这一普遍规律吧,即建筑或人类的其他任何高贵的作品,除非是不完美的,否则就不是好的作品;让我们也为另外一个奇怪的事实做好准备,当我们接近文艺复兴时期时,我们将能清楚地认识到这一事实,即欧洲艺术衰落的第一个原因是对完美的无情追求、对伟大的崇敬,或软化为对简单的宽恕,两种方式都同样使这种追求沉寂下来。

到目前为止,我们所谈的是粗鲁或野蛮是哥特式建筑的第一种精神元素。它也是其他许多健康建筑中的一个元素,如拜占庭式和罗马式;但真正的哥特式没有它就不可能存在。

上面提到的第二个精神元素是**多变**或**多样性**。

我已经强调过,要允许低等级的工人独立操作,只是作为他的责任,并通过使建筑更加基督教化而使建筑高贵。我们现在必须考虑的是,履行这一职责可获得什么奖励,即建筑物的每个特征都在不断变化。

凡是工人被完全奴役的地方,建筑的各个部分必然会彼此完全一样；因为只有锻炼他做一件事，而不让他做其他事，才能实现他工作的完美。通过观察建筑物的若干部分是否相似，可以一目了然地知道工人的退化程度已经到了何种地步；就像在希腊作品中一样，如果所有的柱顶都类似，所有的造型都没变化，那么退化就完成了；如果就像在埃及或尼尼微作品中一样，尽管处理某些图形的方式总是相同的，但设计的顺序却永远在变化，那么退化就不那么全面了；如果就像在哥特式作品中一样，设计和执行都发生了永久的变化，那么工人就一定会获得彻底解放。

观赏者从劳动者的自由中能有多少收获，这在英国可能会受到质疑，在那里，几乎每个人内心都有一个最强烈的本能，即爱秩序，这种爱，会使我们渴望自己房子的窗户应该像我们的辕马一样配对，并让我们毫不犹豫地完全信仰建筑理论，这种理论为每一种东西设定了一种形式，并禁止其变化。我不会批评对秩序的热爱：它是英国思想中最有用的元素之一；它对我们的商业和所有纯粹的实际事务都有益；在很多情况下，它都是道德的基石之一。只是不要让我们设想热爱秩序就是热爱艺术。诚然，从其最高意义上讲，秩序是艺术的必需品之一，就如时间是音乐的必需品一样；但是热爱秩序与我们对建筑或绘画的正确欣赏无关，就像守时与欣赏歌剧无关一样。我担心的是，经验教给我们，日常生活中的准确和有条不紊的习惯，那些感觉敏锐或富有艺术创造力的人很少拥有这些特征；然而，这两种本能之间没有任何不一致之处，也没有任何东西能阻碍我们维持自己的商业习惯，同时充分允许和享受发明的最高贵的礼物。在除建筑之外的其他所有艺术分支中，我们都已经这样做了，我们之所以在建筑领域没这样做，是因为我们被告知这是错误的。我们的建筑师严肃地告诉我们，就像数学有四则运算一样，建筑有五种秩序；简单地说，我们认为，这听起来是一致的，并相信他们。他们还告诉我们，科林斯式柱顶有一种合适的样式，多立克式柱顶有另一种样式，爱奥尼亚式也另有一种样式。A、B和C也都有一个合适的样式，我们认为这听起来也是一致的，并接受这个主张。因此，理解了上述所说柱顶的一种样式是合适的，没有其他，并且潜意识地害怕一切不适当的样式，我们就会允许建筑师为我们提供上述柱顶的合适样式，而且数量如此之多，在我们关注的所有其他方面，也都可以观察到合法的样式；做到这些，我们就发自内心地相信我们都住得很好。

但我们的高级本能不会受骗。我们在别人提供给我们的建筑中得不到快乐，就像我们在一本新书或一张新照片中得到的那种快乐。我们可能为它的大小感到自豪，为它的正确性感到满足，为其便利感到高兴。我们可能会因其对称性和做工而感到同样的快乐，就像在一个井井有条的房间，或者看到一件技艺精湛的工艺品一样。我们认为，这就是建筑所能给我们的所有乐趣。阅读建筑物，就像阅读弥尔顿或但丁一样，从石头中可以获得的快乐与从诗节中获得的快乐一样，这种想法从未片刻进入我们的脑海。这是有充分理由的——诗句中确实有韵律，与建筑的对称性或韵律一样严格，而且美一千倍，但韵律之外，还有其他。诗句不能像柱顶那样，既要有秩序，又要匹配。因此，除了适当之外，我们还能从中获得一种乐趣。但是，要想摆脱过去两个世纪以来我们所学习的一切，我们需要常识做出强有力的努力，并唤醒对一个既简单又确定又新鲜的真理的感知：即伟大的艺术，无论是用语言、颜色还是石头来表达自己，都**不会**一遍又一遍说同样的话；建筑的优点，就像其他艺术的优点一样，都在于它说新颖且不同的东西；重复自身不再是大理石天才的特征，也不是印刷天才的特征；我们可以在不冒犯任何优雅法则的情况下，要求建筑师，就像我们要求小说家那样：他不仅应该是正确的，而且应该是有趣的。

然而，这一切都是真实的、不言而喻的；只是被误导了，使我们看不见了，就像其他许多不言而喻的事情一样。根据规则或模型生产不出来伟大的艺术作品。确切地说，迄今为止，只要建筑按照已知规则，遵从既定的模式运作，它就不是一门艺术，而是一种制造品；在这两种程序中，与其照搬菲狄亚斯设计的柱顶或造型，并自称建筑师，还不如复制提香描绘的头和手，并自称画家（因为这更容易）。

这让我们立刻能明白，变化或多样性在建筑物上就像在书中一样，都是人的心灵和大脑所必需的东西；单调虽然偶尔有用，但没有任何优点；若一个建筑物的装饰只有一种模式、柱子只有一种比例，我们绝不可能期待从中获得乐趣或收益，就像我们不应期待从一个云彩都只有一种形状、树都一样大小的宇宙中获得乐趣或收益一样。

我们在行动上承认了这一点,尽管不是用语言。19世纪的人们从艺术中获得的所有乐趣,都在图画、雕塑、好看的小物件或中世纪建筑之中,我们喜欢称它们美丽如画并陶醉其中:现代建筑中没有任何乐趣可言,我们发现,一切有真情实感的人都乐于逃离现代城市,奔赴自然风光:因此,正如我将在下文中要展示的那样,对风景的特殊热爱是这个时代的典型特征。如果在所有其他事情上,为了遵守既定的法则——就像我们遵守建筑法则一样——我们甘愿忍受一切我们不喜欢的东西,那就好了。

我们将在描述文艺复兴学派时看到,如此低劣的法则是如何被制定出来的;在这里,我们只需指出,作为哥特精神的第二个最重要的元素,它所在之处,皆违反了该法则;它不仅敢于,而且乐于违反每一项奴性原则;并发明了一系列形式,其优点不仅在于它们是新的,而且在于它们能够永远新颖。尖拱不仅是圆形的大胆变体,而且它本身也接纳了数以百万计的变化;因为一个尖拱的比例可以无限变化，而一个圆拱则总是相同的。组合柱不仅是单一柱的大胆变化，而且在其组合中以及其组合所产生的比例方面，还允许数以百万计的变化。花窗格的引入不仅仅引起了对窗户光线处理的惊人变化，而且容许了窗饰条本身的交错混合方式可有无穷无尽的变化。因此，虽然在所有现存的基督建筑之中都存在着对多样性的热爱，但哥特式学派以至高无上的能量展现出了这一热爱；哥特式建筑的影响无论延伸到哪里，都可以更快更深地溯源于这一特色，而非其他；在尖拱或任何其他可识别的哥特式思想的外在标志出现之前，采用哥特式类型的趋向，总是首先表现为更强的不规则性，以及它即将取代的建筑形式的更丰富的变化，这远远先于哥特精神的尖拱外表或其他任何可辨识出的外在符号。

然而，在此我们必须仔细注意到对变化的健康之爱与病态之爱之间的区别；因为哥特式建筑的兴起，就是出于对变化的健康之爱，而哥特式建筑被摧毁，部分原因则是对变化的病态之爱。为了清楚地理解这一点，有必要考虑自然界中的变化和单调呈现给我们的不同方式；两者都各自有用，就像黑暗和光明一样，少了其中一个，另一个就不能被欣赏：单调延续了一段时间后，变化才最令人愉快，就像眼睛闭上一段时间后，光才显得最明亮。

我相信，单调和变化之间的真正关系，可以通过观察音乐中的这种关系来最简单地理解。在其中，我们首先可以注意到，单调中有一种崇高和威严，而在快速或频繁的变化中则没有。在整个自然界中都是如此。大海的壮丽大部分取决于它的单调；荒野、沼地、荒山的风光亦然；尤其是运动的崇高，就像发动机支撑梁那安静的、一成不变的降和升。所以黑暗中也有光中所没有的崇高。

还有，单调在经过一段时间后，或超过一定程度后，就变得了无趣味或让人无法忍受，音乐家不得不以两种方式中的一种打破它：或者在主调或曲段不断重复时，不同程度地丰富和协调它的调子；或者经过一定次数的重复曲段后，就引入一个全新的曲段，新曲段则根据之前单调的长度或多或少令人愉悦。当然，大自然永远在运用这两种变化。海浪，在总体量上彼此相似，但在细微的分区和曲线上，兄不像弟，这是第一类的单调；大平原被突兀的岩石或丛生的树木拦断，这是第二种单调。

更进一步说：为了欣赏这两种情况下的变化，

听者或观察者都需要一定程度的耐心。在第一种情况下,他必须满足于耐心忍受大量声音或形式的重现,并在仔细观察微小的细节中寻求快乐。在第二种情况下,为了感受全新的变化,他则必须耐心忍受一段时间单调的折磨。甚至采用单调元素的最短的音乐段落也是如此。更庄严单调的情况,需要的耐心就更大,甚至因此而变成了一种痛苦——为未来的快乐付出的代价。

还有:作曲家的才能不在于单调,而在于变化,即他可以通过在某些地方,或在某种程度上运用单调来表现感情和品味;也就是说,通过他对单调的**各种**运用;但他的才智总是体现在新的安排或发明之中,而不是在缓解其才智压力的单调之中。

最后:如果变化的快乐过于频繁地重复,它就不再令人愉快,因为随后变化本身就会变得单调乏味,我们就会被迫在极端和奇妙的变化中寻求乐趣。这就是我们上面所说的对变化的病态之爱。

从这些事实中,我们可以大致得出这样的结论,单调本身对我们来说是痛苦的,也应该是痛苦的,就像黑暗一样;完全单调的建筑,就是黑暗或死气沉沉的建筑;对那些喜欢这种建筑的人,可以确切地说:"他们喜欢黑暗而不是光明。"但在某种程度上,运用单调是为了赋予变化以价值,尤其是那种**透明的**单调,就像大画家笔下的阴影一样,通过它的主干,可以看到各种模模糊糊、若隐若现的呈现形式,这在建筑和其他所有构图中,都是必不可少的;在一个健康的头脑中,对单调的忍耐力与对黑暗的忍耐力具有大致相同的地位:也就是说,作为一种强大的智慧,它在风暴和黄昏的庄严中,以及在其中闪烁的破碎和神秘的光线中会获得快乐,而不是在纯粹的光彩和闪烁中获得快乐,而渺小的心灵惧怕阴影和风暴;而作为伟人,为了获得更大的权力或幸福,他将准备好忍受命运的黑暗,而低等的人则不会为此付出代价;同样地,一个伟大的头脑会接受,甚至会喜欢单调,而智力低下的人则会对此感到厌烦,因为它需要更多的耐心和期待的力量,并准备为未来大变革的乐趣付出全部代价。但在所有这些情况下,高贵的本性都喜欢单调,正如它喜欢黑暗或痛苦一样。但它可以忍受,并从忍受或忍耐中获得极大的快乐,这是这个世界的幸福所必需的快乐;而那些不能忍受一时的千篇一律,从一个变化冲向另一个变化的人,则会逐渐迟钝于变化本身的边缘，为整个世界带来无法逃脱的阴影和厌倦。

从对世界经济多样性的这些普遍运用来看，我们可以立即理解它在建筑中的使用和滥用。哥特式学派的多样性更加健康和美丽，因为在许多情况下，它都完全没有被研究，其结果不仅来自对变化的热爱，而且也来自实际的需要。因为从某种角度来看，哥特式不仅是最好的，而且是**唯一合理**的建筑，因为它最容易适应所有的服务，不管是粗俗的还是高尚的。屋顶的坡度、柱身的高度、拱门的宽度或平面图的配置，都没有定义，它可以收缩成一座塔楼，扩展成一座大厅，盘绕成一个楼梯，或跃升成一个尖塔，但都拥有永恒的优雅和用之不竭的能量；无论何时，一旦它发现改变形式或目的的机会，它都会毫不犹豫、没有丝毫失落感地屈服于其统一性或威严——像一条火蛇一样微妙而灵活，但始终关注着弄蛇人的声音。哥特式建造者的主要美德之一是：他们从不考虑以外部的对称性和一致性去干扰他们所做工作的真正用途和价值。如果他们想要一扇窗户，他们就开一扇；如果他们想要一个房间，他们就加一个；如果他们想要一道扶壁，他们就建造一道；他们完全不考虑任何既定的外观样式，知道（因为确实一直在发生这样的事）大胆中断正式计划会给建筑的对称性增加额外的趣味，而不是伤害它。因此，在哥特式的黄金时代，为了获得惊奇的效果，人们宁愿在意想不到的地方开一扇无用的窗户，也不会为了对称而禁止开一扇有用的窗户。每一个接替建造伟大作品的建筑师，都会以他自己的方式建造一部分，完全不管其前辈采用的风格；如果在大教堂正面的两侧以名义上的对应关系建起两座塔楼，那几乎可以肯定，两座塔楼彼此不同，并且每座塔楼顶部的风格都与底部的风格不同。

然而，这些显著的变化只被允许作为一种永恒变化的伟大体系的一部分，这一体系贯穿于哥特式设计的每个部分，并使其成为观察者探究建造者想象力的无尽无垠的领域：变化，在最好的学派里，是微妙而精致的，通过与高贵的单调混合，可以变得更加令人愉悦；而在比较野蛮的学派里，则有些荒诞和冗余；但是，总而言之，这是学派生命的必要和恒定条件。多样性，有时候表现在这一个特征中，有时表现在另一个特征中；它可能在柱顶或卷叶饰上，在壁龛或窗饰上，或都集中于一处，但在这一种或另一种特征中，总会发现它。如果造型恒定不变，表面雕刻就会改变；如果柱顶是固定的设计，窗饰就会改变；如果窗饰单调，柱顶就会改变；就像在一些优秀的学派里，例如早期的英国学派，即使一种不变的造型、柱顶和花边装饰之间有最细微的近似，仍可在团块的配置和人物雕塑中找到多样性。

在我们结束探讨哥特式的第二个精神要素之前，我现在必须先暂时提一下《建筑的七盏明灯》第三章的开头，这一部分区分了人的聚集和人的统治；区分了他对来自大自然的愉悦之源的接受，以及在安排它们的过程中权威或想象力的发展：因为两种精神元素，不仅是哥特式的精神元素，而且是我们刚刚研究的所有优秀建筑的精神元素，都属于它，主要是因为它比其他任何艺术主题、任何人的作品和人的平均力量的表现都更令人钦佩。一幅画或一首诗，常常不过是人对自身某些东西的赞美的微弱表达；但建筑更接近于他自己的创造，源于他的需要，是其本性的表达。从某种意义上说，建筑也是整个种族的作品，而画或雕像只是一个人的作品，在大多数情况下，比他的同伴更有天赋。因此，我们可以期望，优秀建筑的前两个元素应该表达一些共同属于整个种族的伟大真理，并且必须由他们自己在阳光下所做的所有工作中去理解或感受。看看它们是什么：不完美的告白和期待改变的告白。鸟巢和蜂巢的建造不需要表达这样的东西。它是完美的、不变化的。但就是因为我们是比鸟类或蜜蜂更好一些的物种，我们就必须承认，我们的建筑还没有达到我们所能想象的完美，我们不能停留在我们已经达到的状态。如果我们假装它已经达到完美或令我们满足，我们就贬低了自己和我们的工作。唯有神的工作才能表达那些；但我们的工作中可能永远不会写下这句话："看啊，它非常好。"而且，请再次注意，它不只是能使大厦成为一本包含各种知识的书，或一座珍贵思想的宝藏，而多样性则是其高贵的必要条件。至关重要的原则不是爱**知识**，而是爱**变化**。哥特精神的**不安分**正是它的伟大之处。梦想的心灵躁动不安，在壁龛中四处游荡，在尖塔周围狂热地闪烁，在墙壁和屋顶上的迷宫般的结和阴影中消损和褪色，然而，它不满足，也不会被满足。希腊人可以安静地待在他的三陇板里；但是哥特式心灵的工作仍然是浮雕细工，它既不能安于工作，也不能从工作中获得安宁,而是必须不眠不休地继续下去,直到它对变化的热爱在变化中永远得以平息,在醒着的人和睡着的人身上,都会同样出现这种变化。

哥特式精神的第三个构成要素被称为**自然主义**;也就是说,为自然而爱自然,以及尽力坦率地表现自然,并不受艺术法则的束缚。

风格的这种典型特征,在某些方面与我们上面提到的那些元素有必然的联系。因为,一旦工人可以自由地表现他选择的主题,他就必须向周围的自然寻求材料,并尽力按照他所看到的样子表现它,根据他本人的技能精确或不那么精确地表达自然,并且多加发挥自己的想象力,但对法则不太尊重。然而,西方民族和东方民族的想象力之间存在着明显的区别,即使两者都任凭自由发挥;西方人,或哥特式最喜欢表现事实,东方人(阿拉伯人、波斯人和中国人)最喜欢色彩和形式的和谐。这些理性安排中,每一种安排都有其特定的错误和滥用形式。[……]

关于由此导致的各种形式的危害,这里不是讨论的地方;对这样一个明显已使我们远离直接主题的论述，读者可能已经有些厌倦了。但说说题外话还是有必要的，这样，当我说自然主义是哥特式建筑的第三个最重要的特征时，可以更便于我清楚地定义自然主义这个词的含义。我的意思是，在我们刚刚所做的**两种**艺术家分类中，哥特式建造者都属于中间或最高等级；考虑到所有艺术家要么是设计者，要么是实事求是的人，要么两者兼而有之，哥特式建造者就是两者兼而有之；还有，考虑到所有艺术家都是纯粹主义者、自然主义者或感官主义者，哥特式建造者都是自然主义者。

我首先要说的是，哥特式建造者属于中间阶层，即将事实与设计统一的阶层；但更能体现其特殊性的那部分工作是真实性。他们的艺术创造或组织安排能力并不比罗马式建筑和拜占庭建筑的工人强：那些工人教他们原理，并从他们那里得到设计模型；但是，在拜占庭式建筑的装饰感和丰富的幻想之外，哥特式建造者还加入了在南方从未发现过的对**事实**的热爱。希腊和罗马建筑在装饰中所使用的传统叶饰，变成了某种根本不是叶饰的东西，扭结成了奇怪的杯状叶芽或叶簇，衍变出毫无生命感的杆而不是茎；哥特式雕塑家起初原封未动地接受了这些类型，就像我们第二次接受它们一样；但他在其中无法静止不动。他看出它们没有真实性，没有知识，没有活力。因为他能随心所欲，他不由得会更喜欢真叶；并且谨慎地，一次一点，他在自己的作品中加入了更多的自然元素，直到最后一切都是真实的，然而，却还保留了原始设计的规则严谨的和精心安排的每一个有价值的特征。

哥特式工人不仅从外在和可见的物体中致力于追求真实：他同样坚定地认为想象的事物也是真实的；也就是说，当一个想法被罗马人或拜占庭人象征性地表现出来时，哥特式精神会最大限度地使之变成现实。例如，在托尔切洛（罗马式）的镶嵌砖中，炼狱之火表现为一条红色的溪流，像丝带一样纵向成条纹状延伸，从耶稣的宝座上向下垂降，并逐渐延伸，包围住了一切邪恶。当我们了解到这意味着什么，它们的目的就达到了；但哥特式发明家并没有留下需要解释的符号。他尽可能使火就像真火一样；在鲁昂的圣马克教堂的门廊上，雕刻的火焰从冥府之门迸发出来，形成扭曲的石舌，在壁龛的缝隙中闪烁摇曳，仿佛教堂本身着火了一般。这是一个极端的例子，但它更能说明两种艺术流派之间在性情和思想上的全部差异,以及影响了哥特式设计的对真实的强烈之爱。

我并不是说,对真实性的这种热爱在工作中总是健康的。上面我已经提到了它因轻视设计所犯的错误;在刚才给出的例子中,还有另一种明显的错误,即对真理的爱过于轻率,只抓住了表面的真实而不是内在的真实。因为在表现地狱之火时,最需要讲述的不只是火焰的*形式*,而是其不可熄灭性、其神圣的规定和限制,以及其内在的凶猛,不是有形的和实体的表现,而是对上帝愤怒的表现。这些事情不是通过模仿一堆柴火燃起的火焰就能讲出来的。如果我们稍微想一想他的象征,我们也许就会发现,罗马式建筑的建造者在那条像血红色溪流的符号中讲出了更多的真相,溪流在明确的海岸之间流动,从上帝的宝座中流出,并不断扩展,就像被一股永恒之水冲击着,流入恶人被投入的湖中,而不是哥特式建筑建造者在他的壁龛周围雕刻的那些闪烁的火炬。但这不是我们的直接目的;我现在并不是要坚持哥特时代后期热爱真实所导致的那些错误,而是要坚持这种感觉本身,因为它是北方建设者荣耀而独有的特征。因为,请注意,即使在上面的例子中，**导致**错误的也不是对真实的热爱，而是缺乏思想。热爱真实本身是好的，但当它因没有思想而被误导或因虚荣而过度兴奋时，或者抓住微不足道的事实时，或者收集事实主要是为了夸耀对事实的把握和理解时，它的工作就非常可能变得沉闷或令人反感。然而，让我们不要因此而责怪对事实发自内心的热爱，而是要责备他们选择的不谨慎，以及不恰当的表述。

其次，我说过，若将艺术的安排方式分为纯粹主义者的、自然主义者的或感性主义者的，那么哥特式作品就是自然主义者的。这种特性决定了它必然极度热爱真实，并且压倒了对美感的热爱，使其喜欢各种肖像，表现人的面貌和形体的各种性格，正如它表现多样性的树叶和粗粝的树枝一样。在哥特式作品的第一个特征中，我们看到它已经表现出同样的基督教式的谦卑，即它的粗陋，而这又增加了这种趋势，并使之更加高贵。因为这源自承认工人不完美的谦逊，因此，这种自然主义肖像画因承认**主题**不完美的谦逊而变得更加忠实。希腊雕塑家既不忍心承认自己的软弱，也不忍心说出他所描绘的形式的缺陷。但基督徒工人相信一切最终都会为善而共同工作,并坦率地承认两者,既不试图掩饰自己工作的粗陋,也不掩饰主题制作的粗陋。然而,在大多数情况下,这种坦率与其他方向的宗教感情深度结合,尤其是与仁慈相结合,在最好的哥特式雕塑中,有时会出现一种纯粹主义的倾向;因此,它在形式上常常庄重庄严,但在表达上又温柔亲切,但在任何可能画肖像的地方,都永远不会失去肖像的真实性:既不将国王赞美为半神,也不会将圣徒提升为大天使,而只是将国王和圣徒自身的高贵和神圣完全表现出来,并且夹杂着对他们应有错误的记录;这在很大程度上与《圣经》史一样表现出极度的冷漠,它以不为所动和无可辩驳的坚决态度,记录下它所谈到的所有人的美德和错误,往往让读者自己形成对它们的判断,而没有表明历史学家的判断。这种真实性体现在哥特式雕塑家描绘的精细性、普遍性以及公平性上:因为他们并不将艺术局限于圣人和国王的肖像,而是引入了最熟悉的场景和最简单的主题:通过生动、奇特地表现日常生活中最普通的事件来填充《圣经》史的背景,并利用每一个场合,无论是作为象征,还是对一个场景或时间的解释,工人的眼睛所熟悉的事情也可以引入并进行解释。因此，哥特式的雕塑和绘画不仅充满了最伟大人物的珍贵肖像，而且还大量记录了它在繁荣时期的所有家庭习俗和劣等艺术。[1]

然而，哥特式建筑的工人们的自然主义特别表现出了一个方向；这个方向比自然主义本身更能体现学派特征；我是指他们对植物形式的特殊之爱。在表现日常生活的各种场景时，埃及人和尼尼微人的雕塑与哥特式雕塑一样率直和散乱。从国家的最壮丽场景或战斗的胜利，到最微不足道的家庭艺术和娱乐，一切都被利用起来，用对闹嚷嚷戏剧的永久兴趣来填补花岗岩领域；早期的伦巴第和罗马式雕塑在描述人们所熟悉的战争和追逐场面时同样丰富多彩。但在这些国家的工人所描绘的所有场景中，植物只被作为一种解释性的附属品；芦苇被用来标记河流的流向，用树来标记野兽的藏身处，或敌人的伏击点，但对植物形式的特别兴趣还没大到足以

---

1. 最好的艺术要么表现当时的事实，要么（如果表现过去的事实）用作品完成时代的附属物表现这些事实。因此，所有表现过去事件的优秀艺术都充满了最袒露的时代错误，并且总是应该如此。没有哪位画家有义务成为古董商。我们不需要他对过去事情的印象或假设。我们需要他对当前事物的明晰判断。

51

诱使他们将之作为一个独立且精确的研究主题。还有，在完全遵循设计艺术的国家中，引入的饰叶形式是微弱和普通的，它们真正的复杂性和生命力既没有被欣赏也没有得以表达。但对这位哥特式工人来说，有生命力的饰叶成为他强烈喜爱的主题，他尽力以符合他的设计规律和材料性质的精确度来表现饰叶的所有特征，并不断受到诱惑，热衷于越过一个并掩饰另一个。

这其中有一种特殊的意义，相比于以前的建筑，它们表现出的文明程度更高，气质更优雅。粗鲁，以及对变化的热爱，我们一直坚持认为是哥特式的首要元素，也是所有健康学派共有的元素。但其中混合了一种更柔和的元素，是哥特式本身所特有的元素。粗鲁或无知在处理人体时会被痛苦地表现出来，但程度仍然没有大到能阻止对路边牧草的成功表现；对变化的热爱，在追随猎人的急促和战士的狂暴过程中会变得病态和狂热，而一旦看到藤蔓的蜿蜒盘旋和花朵的萌芽时，它就立刻得到抚慰和满足。这还不是全部：精神兴趣的新方向标志着生活方式和习惯的无限变化。主要支持追逐，主要兴趣在战斗，主要乐趣在宴请的国家，对叶子和花朵的形状几乎不屑一顾；对遮蔽树叶和花儿的森林中树的形状也几乎不会顾及，除了能表现出最尖锐的长矛、最密实的屋顶或最清晰的火焰标志的木头。对植物的优雅和外在特征充满感情地进行观察，明确表明存在着一种更加宁静和温和的东西，它因大地的馈赠而生生不息，因大地的绚丽而欢欣愉悦。对物种的仔细区分，精致而独立的组织形式的丰富性中，包含着乡村生活和思想生活的历史，受到习惯性的温和的影响，并致力于微妙的探索，这些都是哥特式设计的特征；凿子凿出花瓣或凿引树枝方向时，其每一次细微而细致的触碰，都是对自然科学整体发展的预言。它以医学的发展、文学的复兴，以及建立国家智慧和民族和平最必要的原则作为开端。

我之前已经提到过一种奇怪而徒劳的假设，即哥特式建筑的原始概念始终源自植物——源自林荫道的对称和枝丫的交错。在任何一个熟悉早期哥特式建筑的人的脑海中，这种假设永远不会存在片刻；但是，作为一种理论，无论它多么无用，它作为完美风格特征的证明则是最有价值的。正是因为这种理论的反面是事实，因为哥特式建筑不是源自植物，而是自身发展得和植物相似，而且这种相似作为建造者性情的外在表现形式非常具有启发性。从树枝的弯曲暗示出拱门的形状绝非偶然，而是在自然形式中逐渐地、持续地发现美，而自然形式则可以越来越完美地转移到石头的形式之中，这会立刻影响人的心情和建筑的形式。哥特式建筑源起于崇山峻岭、斧凿铁制的力量之中，僧侣的热情和士兵的强力则层层叠加了这种力量；可怕墙壁的扭结和支柱中也都融入了这种力量，并且可能会将隐士埋藏在黑暗中，击退最激烈的战斗风暴，但也因为阳光柱或箭穿过同样狭窄的小十字架而表现出痛苦。渐渐地，随着僧侣的热情变得更加富有思想，随着修道院或堡垒大门外的战争声音越来越断断续续，石柱也变得更纤细，拱形屋顶变得更明亮，直到它们将自己扭结成最美丽的夏季树林的样子，以及早已被踏进鲜血中的枯萎的野花，在寺庙的门廊或坟墓的冠盖下，甜美的纪念雕像永远青春勃发。

哥特式建筑作为植物生命力的表达方式，这种倾向不仅是一种更温和或精神更精致的标志，而且是作为这种精致最好的可能方向的证明，值得钦佩。《创世记》中有句话是："我已将每一种绿色植物都给了你"，就像这本书的其余部分一样，这句话具有深刻的象征意义和字面意义。它不仅滋养身体，而且是灵魂的食物，这是其应有的价值。在整个大自然中，绿色植物对人的健康的精神生活而言是最重要的。我们大多数人并不需要美好的风景；绝壁和山峰并不是所有人都能看到的——它们的力量或许对那些不习惯它们的人来说才是最大的。但是树木、田野和花朵是为所有人而生的，也是所有人所必需的。上帝已将维持肌体所需的劳动与最有益于心灵的快乐联系在一起；他使大地坚韧，使草木芬芳，使繁花美丽。人所能建造的最值得骄傲的建筑，最可自豪的莫过于承载了形象并能唤起人们对田野草地的回忆的建筑，而草地既是他存在的类型，同时也是他存在的支撑；因此，美好的建筑只有被雕刻成天堂的叶子的形状时，它才是最辉煌的；伟大的哥特式精神，正如我们已经表明的那样，其高贵在于其不安分，也在于其对自然的把握；的确，它就像诺亚方舟上的鸽子，她发现在水面上找不到可栖息之地——但这也像她一样，"看啊，她嘴里衔着一根橄榄枝，拔下来吧"。

　　哥特式精神的第四个基本元素是上文所述的**奇**

异。但我要到有机会考察受其病态影响的文艺复兴流派的某一个分支时，再尽力定义这个最奇怪、最微妙的特征。在这里不太有必要坚持为它下定义，因为每个熟悉哥特式建筑的读者都一定理解我的意思，并且我相信，他们也会毫不犹豫地承认，喜欢幻想和荒谬的倾向，以及喜欢崇高和图像，都是哥特式想象的普遍本能。

上面提及的第五种元素是**坚硬**；这一特征我必须尽力仔细定义，因为我所用的这个词，或者我所能想到的任何其他词，都不能精确地表达它。因为我的意思是说其不仅稳定，而且具有*活跃的刚性*；赋予运动张力，赋予抵抗以僵硬的特殊能量，能使最猛烈的闪电分叉而不是弯曲，最粗壮的橡树枝有棱有角而不是弯垂，这种能量在长矛的颤动和在冰柱的闪光中也能看到。

我以前曾有机会提到这种能量或稳定性的一些表现形式；但在这里必须更加仔细地思考这种情况，因为它贯穿哥特式作品的整个结构和装饰。在大多数情况下，埃及和希腊的建筑依靠自身的重量和数量，一块石头被动地承受另一块石头；但是在哥特式拱顶和窗饰中，有一种类似于四肢骨骼或树纤维的刚硬；部分与部分之间的弹性张力和力量之间的交汇，并且在建筑物的每一条可见的线条中也都有谨慎的表达。而且，以同样的方式，希腊和埃及的装饰要么只是表面雕刻，仿佛墙面上贴上了封印，要么线条流畅、轻盈、华丽；在其中任何一种情况下，装饰品本身的框架上都没有能量的表达。但哥特式装饰的突出特点，在于其傲然的独立性和冷漠的坚韧性，突出形成卷叶饰，冻结形成尖峰；这里耸起变成一个怪物，那里发芽变成花朵，快速把自己扭结成一根树枝，时而多刺、时而结疤、时而直立、时而扭动成各种强力交织的形状；但是，即使在它最优雅的时候，也从来都没有瞬间的疲倦，而总是快速处置：如果有什么错误，那也只是无礼之失。

在作品中赋予这种特征的工人的感受或习惯，比那些迄今为止其他任何提到过的雕塑表达形式所表示出的特色都更复杂和变化多样。第一，勤奋和高效工作的习惯；北方部族的工业，由于寒冷的气候而加速，并赋予他们所做的一切以强烈的能量，与南方部落的倦怠感正相反，无论这种倦怠中隐藏着多大的烈火，因为熔岩本身可能是在缓慢地流动。

还有一种习惯就是：在寒冷的象征物中找到乐趣，我相信，在阿尔卑斯山以南国家的居民中，他们永远不会找到这种乐趣。对他们来说，寒冷就是一种无法挽回的罪恶，遭受和遗忘都要尽快；但是北方漫长的冬天迫使哥特人（我指的是英国人、法国人、丹麦人或德国人），如果他愿过上幸福生活的话，就必须在恶劣和晴朗的天气中寻找幸福的资源，在光秃秃的森林和阴凉的森林中都欢欣鼓舞。我们全心全意地这样做；在圣诞之火旁找到可能和在夏日阳光下一样多的满足，在冬天的冰原和在春天的草地上获得健康和力量。因此，在寒冷控制下形成的紧密和僵硬的植物结构中，我们感觉不到任何不幸或痛苦；我们不像雕刻南方的雕塑那样，寻求去表达被所有温柔滋养的叶子的柔软，用温暖的风和闪烁的光线表现所有繁茂的景象，而是在仔细思考植物的乖张、倔强和奇异的生机中找到快乐，虽然它们对从天上到人间的善意所知甚少，但一季又一季，它们尽最大努力忍受霜冻，将自己最美丽的花蕾埋于雪下，任凭自己最美的枝干被暴风雨削断。

在这种特殊的主题选择中，有许多微妙的同情和情感共同证实了哥特式精神；当我们进一步增加这些影响，以及由此相应地采用更粗陋材料的必要性时，就会迫使工人寻求效果的生命力，而不是纹理的精致或形式的精确，我们已经指出并证明了北方和南方概念模式之间诸多差异的原因，但有一些间接原因在哥特式精神的心脏中占据更重要的位置，尽管它们对设计的影响不那么直接：意志的力量、性格的独立、目标的坚定、对过度控制的不耐烦，以及以个人理性对抗权威，以个人行为对抗命运的普遍倾向。北方部落历代以来一直反对南方懒散的顺从，以思想反对传统，以目的反对宿命，这或多或少都可以追溯到北方哥特式装饰的僵硬线条，充满勃勃生机和变化多端的块垒，大胆突出和独立的结构；而南方的装饰则表达了相反的感情，在优雅和闪烁着柔和之光的波浪，以及蜿蜒曲折的河岸上也以类似的方式清晰呈现出来，南方的装饰始终就是这样布置的；它有失去独立性的倾向，并融入作为其起源的块状的表面；在这些块状本身的安排布置中，在放弃自己的力量以满足不可避免的必要性，或从无精打采的静谧中，都可以看出这种特点。

这两种精神特征，以及他们所创造的两种风格，有量度上的优点，也有过度方面的错误。最好的建筑、最好的性情，是将两者融而为一的东西；因此，哥特式心灵的这第五种冲动的放纵是最需要谨慎的。它比其他任何建筑都更绝对是哥特式的，但最好的哥特式建筑并不是最哥特式的建筑：它承认自己的粗陋，几乎是最坦率的，几乎是最富于变化的，几乎是最忠实于自然主义的；但它的僵化可能太过了，就像伟大的清教徒的精神达到极致一样，要么在轻率的分裂中迷失自我，要么在目的的背离中迷失自我。它在自己后来的时代里实际上就是这样做的；但令人欣慰的是，我们能记得，其最高贵的精神，即被认为与其最对立的性情——清教徒的独立和质疑精神，体现在它的每一个线条之中。从公元1世纪到15世纪，每一座基督教教会建筑中都蕴含着信仰和抱负。但是使得这个时代的英国之所以伟大的那种伟大道德习惯——哲学研究的习惯、精准思考的习惯、家庭隐居和独立的习惯、严格的自力更生和真诚正直地探索宗教真理的习惯——只能从哥特式学派独特创造的特征中追溯到，在脉络清晰的树叶中，在刺丛繁茂的浮雕细工中，在阴暗的壁龛中，在有撑墙的扶壁上，在微妙的小尖塔和有脊饰的塔楼的耸天高度上，就像送一个"无解的问题到天堂"。

最后,因为这个著名学派的最不重要的组成元素被认为是**冗余**——即对其劳动财富的不计其数的赠予。的确,在很多哥特式建筑上,以及在其最好时期的建筑上,这种元素几乎无法追溯,其效果几乎完全依赖于简单设计的可爱和与比例无关的优雅;尽管如此,在最具特色的建筑中,其效果的一部分取决于装饰的累积;对人的思想影响最大的建筑中,有许多仅凭这一特质就获得了这一效果。虽然,通过对这一学派的仔细研究,一些完美的线条,比浮雕细工覆盖的整个正面都更可能满足一种品味条件,即用几条完美的线条比用镂空覆盖的整个立面更能满足品味的条件,但只满足这种品味的建筑并不被认为是最好的建筑。因为哥特式建筑的第一个要求是,正如我们上面所看到的,它既要接受最粗鲁和最精致的头脑的帮助,又要吸引他们的钦佩,作品的丰富性就是其谦逊的一部分,虽然这种说法似乎有点自相矛盾。简单的建筑最高贵,除了一些清晰有力的线条外,它拒绝取悦人的眼睛。这意味着,在如此不引人注目的情况下,它所提供的一切都是完美的。我们对其不屑一顾,或是因为其特征的复杂性，或是因为其吸引力，都使我们的研究陷入尴尬之地，或诱使我们感到高兴。这种谦逊，正是哥特式学派的生命，不仅表现在装饰的不完美之中，还表现在装饰的累积之中。工人的低级常常同样表现在其工作的丰富性和粗糙性上；如果要得到每一只手的合作和每一颗心灵的同情，我们就必须满足于允许掩饰弱者失败的冗余，并赢得粗心大意者的重视。然而，在哥特式的内心深处，更崇高的兴趣与对装饰性累积的粗鲁之爱交织在一起：一种宏伟的热情，感觉好像永远无法实现其理想的圆满；一种无私的牺牲，宁可在祭坛前做徒劳的劳动，也不愿在市场上闲荡；最后，对物质世界的财富和富足的深切同情，这源于我们已经尽力定义其效果的自然主义。在森林密叶间寻找模特儿的雕塑家，不由得会迅捷而深刻地感受到，复杂性不需要失去优雅，也不需要充足的休息；他花在研究大自然的细微和变化多样的工作上的每一个小时，都使他更加强烈地感受到人类缺乏最好的东西：看到她完美而精致的创造物如雨后春笋般涌现，既无法进行概括总结，也无法计算总量，对此他也不应大惊小怪，他应该想到对自己粗鲁的技艺不屑一顾是错的；在那里，他从整个宇宙中看到了一种完美无瑕的美正在鲜花无边无际盛开的原野和山峦上恣意绽放,他不愿将自己卑微而不完美的劳动,耗在他一块接一块垒起来的几块石头上,作为住所或纪念。在任务完成之前,他生命中的岁月已经流逝;但是代代相传,不倦的热情薪火延续,大教堂的正面终于消失在其窗饰的织锦中,就像春天灌木丛和草丛中的一块岩石。

我相信,我们现在已经获得了这样一种观点,这种观点接近于构成哥特式建筑内在精神的各种道德或想象力要素的完整性。[……]

➳ 第二章 自然界、艺术及政治中铁的应用*

最初,当我听说你们希望能在今晚听到我的演说时,我不能确定自己是否能够找到任何能引起你们充分兴趣的主题,这样才不枉你们在这冬天的夜晚走出自己舒服的住宅来倾听我的演讲。每当我冒昧地谈论我自己所从事的艺术职业时,面对的几乎总是艺术系的学生;在他们之间,只要能够让我觉得自己是有用的,有时我会允许自己以迟钝的面貌出现在他们面前。但如果只是纯粹地讨论艺术,而不涉及任何例子(虽然我并未能为这次演讲准备足够的例证),这样的演讲很少能够引起广大听众的

---

* 1858年2月16日在坦布里奇韦尔斯发表的演讲。

兴趣；在这样的情形之下，他们与一般的听众毫无区别。就在我思索什么样的话题能让你们感兴趣时，我的脑海中自然而然地出现了一个与你们现在所居住的城镇的起源，及其当今的繁荣息息相关的主题。此外，我觉得在艺术的众多分支中，唯有它能够引起人们更为广泛的兴趣。很久以前（我都不敢去回想究竟有多久了）——那时候，坦布里奇韦尔斯就相当于我的瑞士——我曾经被带到此处消夏。那时我还是一个十分活泼的孩子，梦想着能够爬上那比普通的沙岩有着更为惊人的高度的悬崖，并常常因为这个梦想而欣喜万分。我曾经不时认为，相较于韦尔斯所有儿童的童年生活，我的这段童年生活将成为自己生命中最为黯淡的一例。在波形瓦和镶边的建筑风格充斥着这一时代的日子里，我唯一的安慰便是在每次散步的时候，观察泉水不断涌出并溢过大理石水池边缘时的景象。有关清澈的泉水在那些藏红色的污点上方闪烁的记忆，经常成为与那个地方相联系的最强烈的景象浮现在我的脑海里。我意识到今晚你们也许会愿意再稍微思索一下那个藏红色污点，及其以其他方式和功能表现出的力量，以及使这里的那么多人重新恢复生机和力量的铁元素的全部意义。在地球给予人类的珍贵礼物之中，铁一直以来总是最重要的，其重要性在今后也将越来越明显。

当然，由于这个主题太过宽泛，我们也只能点到为止；甚至我的建议也很少，都主要是从我自己的工作领域总结出来的；不过，我想我还是有时间来为你们指出一些思路，如果对其感兴趣，今后你们可以纳为己用；因此，面对自己所宣布的主题的全部内容，即自然界、艺术及政治中铁的应用，我不会临阵退缩。

无须说更多的开场白，我首先来谈第一个问题。

Ⅰ.**自然界中的铁**。你们也许知道，那经常被认为破坏了你们水池的美观的赭色污点是正在生锈的铁；当你们在其他地方看见生锈的铁时，你们通常认为，锈铁不仅破坏了所在之处的美观，而且也破坏了自己——你们认为生锈的铁就是被损坏的铁。

对于大多铁制品的使用者来说，事实的确如此；因为我们不能像使用一把磨光的刀一样娴熟地使用一把生锈的餐刀或者剃刀，所以我们认为铁会生锈是铁的一大缺点。但是事实绝非如此。恰恰相反，铁最完美及最有用的状态是其拥有那赭色污点的状态；因此它生来就比较容易处于生锈的状态。易于生锈并不是铁的一种缺点，而是它的一种优点；因为只有在这种状态下，铁才能履行其在这个世界上最为重要的职责，并实现其对人类最为有益的功能。而且，在某种意义上，几乎可以说是从字面意义上，我们可以说生锈的铁是"有生命的"，而无垢的或者磨光的铁则是"无生命的"。你们大概都了解，在我们呼吸的混合气体中，氧气是我们本质上所需要的部分；而氧气也是所有动物共同需要的部分，从最为精确的字面意义来说，也就是它们"生命的呼吸"。而生命的神经力量则是另外一种不同的事物。氧气是呼吸的支持力量；没有氧气，我们的血液甚至生命将得不到滋养。当铁生锈的时候，其呼吸的就是这同样的空气。跟我们人类一样，铁迫不及待地从空气中吸入氧气，尽管其对氧气的使用与我们大不相同。铁将其获得的所有养分都保存在体内；而我们，以及其他的动物，却再次将其分离出来。这种金属完全保留了它曾经自空气中吸收的养分。因而我们如此鄙视的赭色污点，事实上比无垢的铁更为尊贵，因为它是**铁和空气的化合物**。它们更高贵，也更有用——实际上，就像我现在能向你们展示的一样——这种金属提供给人类的主要服务，不在于它能制成刀子、剪子、拨火棍以及平底锅，而在于它是我们赖以生存的土壤的组成元素之一，并且是我们生存所必需的所有物质中不可或缺的首要元素。事实确实如此。不是别的，只是金属和氧气——呼吸进空气的金属。沙子、石灰、泥土以及地球的其他成分，碳酸钾、苏打以及其他的碱性成分，它们在形成金属时都遭遇了我们所谈到的这一重大转变，它们与人类呼吸的纯净空气永久结合在一起以适合人类使用。在这世间，只有一种金属不易生锈；而迄今为止，其带给人类的影响，只是导致"死亡"而非"生存"；它永远不会介入正当的用途，除了被用于铺人行道，并因而被人们踩踏于脚下。[1]

在被认为是无生命的造物所提供的一种类型或一门课程这一事实的基础上，难道没有什么令人惊讶的事物了吗？你们拥有坚韧、闪耀、冰凉、毫无生气的金属，这些金属十分适合于铸造成刀剑和剪刀，但却不能充当你们的粮食。也许，你们会认为，

---

1. 指金子。

铁正以一种纯粹的形态对人们起着积极的作用。但是，如果你们的草地不再长出绿草而是长出铁线；如果你们的耕地不再是由沙子和泥土组成，而是突然变成钢铁铺成的平坦表面；如果整个地球不再是绿色的、生机勃勃的，不再覆盖着森林和鲜花，除了可怕的机车上那巨大熔炉的影像之外别无他物，那么你们将如何看待这个黑色的、死气沉沉的、像剥了皮一般的钢铁世界？这个世界可能会如此，或许它一度如此过；但是，如果不是这个世界的所有组成物质都在不断地吸入并呼出空气，从而创造了这众多的辉煌，世界毫无疑问将会变得如此。这些金属在呼吸之时，消融了其冷酷无情的坚硬性质，成为众多有益的锈粉；并将自己再次融入我们赖以生存的土地，以及我们用于建造的石块；融入岩石并且构成山脉，融入沙滩进而形成海洋。

因此，如果你们不理解这其中的深刻意义，那么你们永远不可能从脚边捡起那最不起眼的小鹅卵石。在你们的眼中，它们最初只是和泥土一样。尽管如此，这些小鹅卵石却反驳道："我不是泥土，我是泥土和空气的结合物；你们所热爱、所渴望的蓝色天空的一部分已经存在于我的体内；这片天空就是我生命的全部——没有了它我将什么都不是,并将一事无成;我不能照顾你们或滋养你们,我会变得无情无义而又毫无用处;但是,由于我在创造中的必要性和地位,我的体内存在一种精神,因此在生命的轮回中,我能够做到对人们善意相待并有所帮助。"

迄今为止,人们对各种各样的金属矿石及其提炼出的所有金属产生了相同的兴趣。但是,人们对于那些污损了水池的大理石的赭色含铁土质,却从未有过更深的兴趣和更大的善意。除了大理石,赭色的含铁土质还污损了许多其他物质。在这片宽广的大地上,只要你们看得见,你们就会发现其已经被这些含铁土质所沾染;这些含铁土质成为一种颜料,给我们眼中的世界染上一层色彩,同时它也接受着人类的遣用。你们刚刚见过覆盖着皑皑白雪的群山;你们在看到这群山的第一眼时,也许已经喜爱上了银白色的积雪与松树林的黑色块状物之间所形成的鲜明对比。但你们是否曾经考虑过:如果群山总是呈白色,却又不是纯粹的白色,而是肮脏的白色,亦即解冻时候的白色;但是在这种白色中具备了雪的寒冷,而不带一丝明亮,此时你们将有什么感受?如果没有了铁,我们的地球展现在人们面前的就将是这种色彩；这种色彩不仅存在于这里或者那里，而是到处都是，并且一直都是。请继续思考这种观点，直到你们能够或多或少地明白其中的道理。首先设想你们花园中漂亮的碎石甬道，黄色且雅致，就像阳光照射在花圃上所形成的斑斑光影一样；设想它们在突然之间全部变成了灰烬的颜色。当这些碎石不再含有铁的赭色的时候，它们就会呈现出这种颜色。设想你们一同迂回漫步在那些公地之上，你们将会发现自己的脚下的感觉是干爽的，而其带给眼睛的色彩亦是温和的；想象它们突然全部被铺上了一层灰色的煤渣。而后，一同穿过这片公地，走进一个乡村，停在第一块被犁耕过的田地边。在阳光下，你们将看见这块收拾干净的田地向远方延伸直达山侧，犁的铧头在这块田地上留下了深褐色的犁沟以及大量被太阳晒得发红的犁垄；而这些犁垄都被堆在一边，看起来就像是黄褐色的天鹅绒斗篷那深深的褶痕一样。设想在突然之间，这一切全都变换成泥浆田里触目惊心的犁沟。当土地不再含有铁的时候，这将是它的颜色。你们可以在想象中越过小山和山谷，直到看见那弯弯曲曲的海岸线。沿着那微风习习的海滩，你们继续走向远处，一路上欣赏着闪耀着白色泡沫的琥珀色海滩,沙滩形成的金色长带将整片蓝色海洋环绕其中。设想这片宽广的海岸上那无数的小沙丘突然变成墓地里的土墩,而所有的金黄色沙子都变成了灰色的黏土;此时,漂亮的姑娘们将不再能够彼此呼叫"到这片黄色的沙滩上来",而是呼叫"到这片土褐色的沙滩上来"。当沙滩不再含有铁的时候,这将是它们的颜色。

因此,如果光亮的程度取决于地面,那么在某种程度上,铁就会成为风景中的阳光和光源;但这是另一种阳光的来源,它和我们目前生活中的阳光同样重要。当然,我们这里所指的生活中的阳光是指住宅里的阳光,而不是风景中的阳光。

我毫不怀疑,在这个交通四通八达的社会里,我们的多数听众曾经去过英格兰以外的某些地方,例如你们曾经去过苏格兰、法国或者瑞士。无论这些地方在其他方面的优越或者落后给他们留下怎样的印象,在回到他们自己国家的时候,他们必然会产生这样一种感觉,即自己国家的城镇和村庄的外观是令人感到舒适的。外国的城镇通常是非常独特、非常美丽的,但是它们却从未像我们的村庄一样拥有这样一种外观：一座座村庄坐落在绿色的原野中，呈现出温暖的自足和有益健康的宁静。如果你们不惮麻烦而去寻找这种印象的来源，那么你们将会发现，到目前为止，那种温暖和舒适的外观绝大部分取决于砖块和瓦片所富有的猩红色色彩。这种猩红色不属于光洁的建筑物，因为非常光洁的建筑物通常拥有令人不安的外观，而不是让人感到舒适的外观；这种猩红色存在于暖色调的建筑物中。我们的村庄覆盖着一层红色的瓦片，如同我们年老的妇女披着的红斗篷；斗篷有多破旧或者屋顶有多倾斜弯曲并不重要，只要斗篷或者屋顶上没有孔洞，那么这沉稳而不可消除的猩红色就会依然闪耀在兜帽附近，或者燃烧于山形墙的绿色苔藓之中。那么你们觉得，这村舍屋顶的众多瓦片又是以何种染料染出的呢？你们并没有给它们涂上油漆。但是自然却为你们在黏土中放入了那样可爱的朱红色；那所有的朱红色均源自铁的氧化物。因而，如果没有了那种暖色调的砖红色，所有的住宅均会呈现青白相间的颜色，可以想象你们城镇的街道将会变得多么丑陋——尽管它们中的一些现在已经足够丑陋，但是看起来仍然舒服。设想你们国家的村庄不再是其原有的普遍存在的猩红色，尽管它是艰苦和平的美好象征，尽管它与士兵们在光荣艰苦的战争后所获得的猩红色勋章一样可敬；设想那所有的村舍屋顶，顷刻之间转变成未烧透的黏土颜色，那种下雨天里街道排水沟中的颜色。当制作瓦片的黏土中不再含有铁时，所呈现的就是这种颜色。

尽管如此，在我们英格兰的城镇里，这种颜色还拥有另外一种效果。或许，你们每个人都不会注意到这一点，但是一旦你们注意到这一点，你们将会接受素描者的观点。它们并不常常表现为温暖的纯红色，而更多呈现为温暖的紫色——一种更漂亮的颜色。素描者将这种颜色归因于覆盖着的精致的威尔士石板深灰调的朱红色与紫色调的混合，这些石板铺设于我们比较可敬的屋顶上，而居间大气层的色彩使这种蓝色变得更蓝。如果检验一块刚刚折断的威尔士板岩，你们将会发现其紫色是光亮而鲜明的；尽管长期暴露在风吹雨打之中，其色泽已不再像以前一样鲜艳，但是它却总是保有足够的色彩，从而其淡出的紫色能够在森林及田地的衬托之下，与其绿色融为一体。在这样的色调中，无论是怎样的光亮或力量，这一切皆归功于铁的氧化物。没有铁的氧化物，板岩将或是苍白的石头颜色，或是冰冷的灰色，甚或是黑色。

迄今为止，我们只是考虑过在黏土的一般性质中，铁的用途及其带来的舒适感。但是世界上存在三种类型的土质，它们共同构成我们的大地，它们大多是以混合的形式存在的，但却有着不可小觑的数量。通常来说，它们是黏土类土质、石灰类土质，以及燧石类土质。还有许多其他元素按一定比例与这些土质混合在一起。但是土地的主要结构和物质仍然是这三者，因此不管在地球的哪个角落，只要你们站在坚硬的地面上，你脚下地面的主要成分都将或是黏土，或是石灰石，或是混合以上两种土质的燧石。

自然似乎已经下定决心，尽其最大能力，让这三种物质对于我们同样有趣、同样美丽；而这就是我们通常不得不面对的问题。黏土是一种柔软而易于变形的物质，自然并没有对其花太多心思，除非这些黏土被烤干；对于这点我们都深有体会。因而，只有当黏土形成某种永久的形态之时，自然才给予其应有的色彩。但是对于石灰石和燧石，自然则采用自己的方式，在其仍然处于天然状态时就给其涂上了特定的色彩。自然在为其着色时，其目的与她给花朵的着色相似，只是为了吸引我们这些粗心懒惰的人类，让我们稍微注意她，并且清楚她在干些什么；而这样做基本上也是为我们人类——她的孩子们——着想。自然总是以她的这些石灰石和燧石进行着非常奇怪的工作：用它们在海洋的底部铺成海床；用它们在海洋之中建成岛屿；以千奇百怪的珍品来充填山脉的裂口和纹理；使苔藓、树木以及贝壳变成化石。事实上，自然从事着各种各样的活动，有地下的也有海底的；由于我们从自然的活动中获益并依赖其存在，因而对我们而言，她所进行的任何活动都值得我们高度重视。显然，为了让我们做到这点，自然为我们制作了有关石灰石和燧石的画册；并且像对待懵懂的孩子一样，以画册中的美丽色彩来诱惑我们阅读那些书本。其石灰石画册中的美丽色彩构成了那些斑驳的大理石；而自人类有史以来，磨光这些大理石并将其用于建造房屋一直是人类的快乐所在。其燧石画册中的美丽色彩则构成了那些玛瑙、碧玉、红玉髓、血石髓、缟玛瑙、烟水晶、绿玉髓；而自人类有史以来，人们也已经带着同样的快乐来雕琢、磨光它们，并将其制成各种装饰品。可是，他们之中有如此之多的人像婴儿一样，只是喜欢看画册中的那些图片，而不是去理解这本书；因此，我不禁问道，在经历了六千年的雕琢和磨光之后，在任何选定的数百人中是否仍有两三位知道，或是想知道，这一点点的玛瑙或者这一点点的大理石是如何形成的，又是如何被着色的。

到底如何形成，这个问题不会总是那么易于回答，但至于要回答它们是如何生成色彩的，这根本不成问题。西西里和西班牙的大理石美丽的紫色脉纹和斑点，锡耶纳的大理石鲜明的橙色和琥珀色，紫罗红深深的赤褐色，装饰着意大利寺庙的所有珍贵碧玉的血红色。最后，苏格兰和莱茵河畔的小鹅卵石所拥有的一切浅色调的美丽变幻——尽管它们并非珍贵的石块，但这些色彩却成了迄今为止我们现代的珠宝商工作中最有趣的一部分。所有的这些颜色都是自然涂绘上去的，而自然却只使用了一种材料，通过按不同的比例对其加以应用，自然完成了对所有颜色的创造。而这材料就是铁的氧化物，正是那玷污了你们坦布里奇的水池的斑点。

然而这并不是铁的全部功能，也不是铁的功能中最优秀的部分。铁生成的这些美丽的石头仅仅是为了满足富人们的生活享受；而也只有这些富人才能付得起挖出这些石块并将其磨亮的费用。但是自然为整个世界着色，且不分贵贱。因此，一方面，自然用心装饰着其山脉最内部的岩石，以吸引你们来研究，或者纵容你们去奢侈；另一方面，她以一种更为谨慎的态度，给这些山脉的外部着色，以便愉悦牧羊人和犁田者的眼睛。我刚刚讲过了广泛分布于我们村庄屋顶上的那种紫色板岩的效果，如果板岩在房子的屋顶上排成单调而整齐的行列尚且美丽，那么让它们依然屹立于其发源处山脉的高低不平的山冠和侧面，岂不更为美丽？在谈话的时候，我们时常会提到远方的蓝色山脉；但是你们是否曾经考虑过其蓝色是如何形成的？在某种程度上，这种蓝色因距离而产生；但是，仅仅靠距离是无法产生这种蓝色的。有些山脉，不管你们距它们有多远，它们看起来依然是白色。我们威尔士和苏格兰高地的山脉所呈现出的可爱的暗紫色，就不仅要归功于它们的距离，而且应归功于山上的岩石。其中一些岩石确实是太暗了，比如黑色或灰白色，因而算不上美丽；而这亦归功于其不完美的多孔结构。但是，当你们看到这种掺和着红褐色和蓝色的黑暗色彩时，当绿色的蕨类植物中出现成片的这种色彩时，它们是如此的紫，以至于乍看之下，你们几乎不能区别出这是岩石还是石楠花。因此，你们必定会将其归功于你们坦布里奇的老朋友，即铁的氧化物。

但是这并不是自然所做的全部。为了能让山脉的景色更为美丽，不仅山脉的软岩石有必要涂上色彩，即使其坚硬的岩石也有必要涂上色彩；尽管自然使用相同的材料来为其着色，但是这却使其更为美丽。你们或许会对我频繁使用"紫色"来形容石块感到惊讶，但是深深崇拜紫色的希腊人，特别是罗马人，却在很久以前就开始用它来描述石头了。在最为珍贵却又比较坚硬的巨石种类里，你们一定听说过"斑岩"。正是这种色彩使它获得了这一高贵的称呼；也正是因为这种色彩，埃及的所有蔷薇色的花岗岩拥有了那一抹晕红，阿尔卑斯山脉蔷薇色的峰群亦拥有了那一抹晕红。而这所有的一切，依然归功于同一物质，即你们认为微不足道的铁氧化物。

最后：

比所有这些色彩都高贵的颜色——地球上人类所见过的最高贵的颜色，这种颜色比埃及的花岗岩更有力量，比夕阳或者玫瑰更美——依然与这种黑铁的存在有着神秘的关联。我相信，人们至今尚未确定血的深红色实际上取决于何种物质；但是有一点是确定无疑的，即这种颜色与其生命力密切相关，而作为其活力的组成元素，铁的存在必不可少。

这种金属韧而坚，但却与我们人类的生活有着微妙的联系，没有这种金属所起的作用，我们甚至不能脸红，发现这一点难道不奇怪吗？想想这一点吧，诸位公正而又文雅的听者；事实上，有时你们除了厚颜无耻或者铁面无情之外别无选择！这种选择是多么可怕。

你们可以察觉到，在对这一金属的一些功用的简短回顾中，我完全是将其作为一种着色元素而对其应用侃侃而谈的。如果我试着描述其作为一种实质性元素的用途，即铁对岩石的加固作用，或者是在岩石风化后的产物中铁对植物的影响，那么我只会混淆你们对于事实的观念。因此，我甚至不曾提到这种金属在自然经济中更为重要的应用。但是我希望你们能够清晰地拥有这样一种印象，即没有空气，这种金属的所有这些所有用途将不复存在。纯金属是没有任何力量可言的，并且除了陨石之外，单纯的铁质根本不曾在自然界中出现过。没有人能预测陨石的坠落，而其在坠落之后也百无一用。在世界所必需的物质中，铁总是无一例外地与氧气结合在一起；没有氧气，铁将不再能够提供任何服务或是创造任何美丽。

Ⅱ.艺术中的铁。现在，我们将话题从金属在自然应用中的功能转到其在人手中的用途。从一开始，你们就一定记得，借着无生命的金属展现在你们眼前的金属类型，是人类躯体和灵魂的共同作用产生的，在人类各种力量的作用过程中都有着高贵的原型。所有名副其实的艺术都是活力的表征——这种活力不仅仅来源于人类的身体，也不仅仅只来源于人类的灵魂，而是来源于两者的结合与彼此的相互引导。好的工匠用其灵巧的手指制造的好作品，与其愉悦的心情及对工作的全身心投入密不可分。

当这二者没有统一起来时，世界上就不会有好的艺术，也不可能有对艺术的判断；然而我们却一直试图将其截然分开。如果不曾经过必要的体力劳动，只是凭借他们的想象力和敏感生产出某种类型的艺术品，我们的业余艺术家是不会对此心悦诚服的。因为这样做完全无希望可言。没有一定数量恒定的手工劳动,甚至是数量非常大的手工劳动——要学习其他任何手工行业,这种认真而持续的手工劳动实践都是必需的——就不可能有绘画。另一方面,工人及其雇主一直在设法靠手工技巧或习惯来生产艺术品,而不使用他们的想象力和敏感性。这样做也毫无希望可言。如果不能将心中的激情与手的力量相结合,就不能产生任何艺术品。最高层次的艺术是将此二者尽可能紧密地结合在一起:有了心灵的力量,最精美的手工制作才会达到完美的境界。

由此我们可以得出结论,只有那种能接受和保留人手的最微妙的触觉所带来的影响的材料,才能展示出最大的艺术力量。那只手是宇宙中普遍存在的物质材料力量的最完美代理者;并且,只有我们所运用的材料或者正在加工的材料完全服从我们的意志,它的微妙之处才能得到全面体现。完美工具的和谐运作将会呈现出它的存在,但是尚未完美的工具却不会;画笔柔软而易于弯曲的笔尖,以及柔软并溶化了的颜料可以将其呈现出来,但是粉笔或钢笔却不会,钢质的尖端、凿子,或大理石更不会。雕刻家的手确实可以像画家的手一样敏感,但是其敏感并不是生来就有的,也不是可以表现出来的:

提香、柯勒乔，或者透纳的风格，是紧张劳作之下的杰作，而非仅靠色彩表现出来，或者像在音乐中那样靠对主旋律的最佳表达来表现。依照我们所使用的材料的精致程度，我们可以得出这样一个结论，即越不精致的材料，其对制作的要求也相应地越低，而其所产生的艺术水准更是越低。这是所有工作的主要原则之一。其另一原则是，无论你们选择何种材料来进行工作，如果这种材料与众不同的特征没有被表现出来，那么你们的艺术就仍然微不足道。

这第二条法则的根据在于，如果你们不需要你所用材料的特质，你们就应该使用其他材料。只有你们的虚伪做作，以及想要展示自己技巧的欲望，才会引导你们去使用一种自己并不熟悉的物质，从而使得你们的艺术品变得卑微。举例来说，玻璃本质上非常透明。如果你们不需要透明，那么你们就不应该选择玻璃作为材料。不要尝试去造一扇看起来像是一幅不透明的图画的窗户，而要从一块不透明的岩石做起。同样，大理石显然是一种非常坚固而又厚重的材料，除非你们需要这种坚固、厚重的特征，否则你们就不应该选择大理石。如果你们希望表现轻盈的风格，请采用木材；如果你们希望表现自由的风格，请采用灰泥；如果你们希望表现延展性，则请采用玻璃。请不要试图在大理石之上雕刻皮革、树木、网状物或是泡沫之类的东西，因为在大理石上只能雕刻出白色的四肢和宽阔的胸部。

因而我再次申明，铁显然是一种非常容易延展并且坚固的物质：它比所有的物质都要坚固，且又比多数物质易于延展。因此，当你们需要坚韧或者与此相应的形式时，请选择铁。铁性质坚韧。它是自然赐予雕刻家用来与大理石一较高低的材料。它带来了大地母亲的信息，并以尽可能平易的语言告诉人们："你们可以在其上切割，你们可以在其上锤打。你们可以让这个定型，也可以让那个扭曲。你们可以雕刻出坚硬简易的事物，也可以敲平其厚薄不均并且纠缠在一起的部分。我能给你们它各种各样让你们满意的类型；纷飞的落叶，优美的躯体，缠绕的树枝，像展开的眉梢。你们可以通过敲打拖曳来完成这些树叶和树枝的形象，从而让其形成你们所需要的雕刻；而对于身体和眉梢，你们则需要虔诚的点缀，以让其成为你们所需要的雕刻。如果你们选择正确并且工作得当，你们所完成的作品将会非常安全牢固。你们敲打出的细长树叶将不会从我这坚固的铁上折断，虽然在铁的渐衰期，这些铁制的树叶可能会有一点点生锈。在我纯净的水晶般的大理石上，你们所需要的宽广表面必定非常光滑，因为这些大理石制品永远不会腐烂。但是如果你们在大理石上雕刻一触即断的事物，或者使用任何锈点或者铜绿都会将其破坏掉的金属来铸造东西，那么这将是你们的过错，而不是我的过错。"

在这件事上，这些都是主要原则。与艺术中其他几乎所有正确的原则一样，我们现代人乐于与这些原则直接且特别地相抵触。在我们的展览会上，我们不断地寻找并且称赞那些雕刻在易碎的石头上的叶脉、花边、薄薄的树叶以及所有那些不可思议的东西——所有这些都被雕刻者用来炫耀他的技巧。[1] 另一方面，我们将自己的铁**铸**成条棒——尽管其有

---

[1] 为了某种表达的需要，人们在大理石上描绘了叶状装饰。对于这种工作，我并不想进行任何责备。芒罗先生后期的作品，即有赖于对这些附属品的精致巧妙的应用，从而表现其作品所拥有的极为敏感的思想。并且一般说来，就像在哥特式的作品中那样，在光和影的细致安排下，如果这些树叶形雕刻品能够显现出其优雅和轻盈，其效果会相当不错，并且着实令人钦佩；而这些树叶形雕刻品的巨块则主要凭借其下方石头的力量来支撑。但是如果所有的雕刻品都以细致作为其本身的目标，并且尝试着模仿细小的或者微小的事物所拥有的绝对细致，那么这些雕刻品都将属于卑微的艺术品。而一两年以前，在意大利，我曾经看见一件以鸟巢为主题的大理石雕刻，就如同现代的木雕一样细致。

一寸厚却容易断裂——并且两端被削尖,我们认为用这些材料制成的栅栏或者是其他物品是装饰品!单就我们英格兰自己所制造的这些栅栏状的铁制品而言,要度量出其对我们的品味所造成的损害就非易事。因此,如果有人要求我们以某个单一特征将一个乡村住处划分成两个主要部分;一边住的人绝大多数是率直、快乐、慈善并且诚实的;而另一边住的人中,至少有大多数人是老于世故、冷漠、令人望而生畏并且无道德的。我想,有一种特征你们可以用来进行正面测试:令人望而生畏并且无道德的人群所居住的地方会到处都有铁栏杆;而让人舒适且有道德的人所居住的地方却根本没有任何铁栏杆。你们也许会说,这是多么大而无当的分法!也许是稍微有点大而无当了;然而,在你们清醒的时候,你们将会发现这比你们想象的要更为真实。考虑一下所有其他类型的栅栏或者防卫设备,你们将会从中发现它们的一些美德;但是对于铁栅栏,你们将不会发现任何优点。通常情况下,首先是你们那些石头建成的城堡壁垒,但是这种壁垒太过壮观,因此不在我们考虑的栅栏类型范围之内。其次,是你们的花园或公园外的砖墙;站在墙外,这堵墙看起来确实不太友善,但却很谦逊。一般说来,建筑者之所以要建造这样的墙,不是因为他不想让你们看到花园里的景色,而是出于个人的隐私。坦白地说,他需要一部分完全属于自己的时间,因此他需要一些完全属于自己的场所。在这样的场所里,当他卷起衣袖在花园里挖土时;或者当他和放学归来的孩子玩跳蛙游戏时;或者在夕阳下,当他和妻子在花园里漫步并喁喁谈起昔日时光时,他不会遭到路人的窥视。此外,砖墙还有很好的实用价值,它为你们挡住东风,它支撑着你们的碧桃树和油桃树并让熟透的果实免遭路人采摘,在秋日里它就像充满阳光的沙滩一样闪闪发光。不仅如此,如果你们的砖墙建造合理,那么它能屹立很长时间而不倒塌;而当这堵砖墙变得古老之时,它将成为一道美丽的风景,此时它亦已经呈现出暗淡的紫红色,并随处布满绿色的青苔。

紧邻着你们堂皇的墙壁和高贵的围栏的,是密密麻麻的木制栅栏,它们令人反感,因为这些木栅栏通常意味着围住一片范围超过自己所需的土地。但木栅栏的存在还是有意义的,它意味着一处处令人赏心悦目的公园、保存完好的田间小路、成群的驯鹿，以及其他贵族式的田园情趣，在乡村里，它们各安己位，即使有人从中穿过，也不会破坏它们的美。

紧邻你们的木栅栏的，是你们低矮的石头堤坝，你们的山脉屏障，抬眼望去，或是荒野山村，或是泥土下的石基，山脉的屏障，与它有关的一切都让我们喜悦，至于那些用于建造围墙和堤坝的山石，尽管不牢固，却有着各式各样崎岖不平的形态，更是赏心悦目；紧邻石头矮墙的是你们的低地树篱，这些低地树篱或呈排列整齐的大片绿色，表明那是一座伊丽莎白时代老住宅的游乐园，其中有适于老年人行走的平坦小径，也有适于青年人的离奇有趣的迷宫。野蔷薇与未经使用的凉亭交错在一起，在我们乡村的路旁，洋溢着它浓郁的芳香——在座的你们，有多少人曾身处美丽的山脉之中，在秋天的山中，到处都是供男孩们采摘的成串黑色树莓；在冬天的山中，到处皆是供鸟类觅食的深红色山楂果。最后我们来谈所有栅栏中最难分类的一种，就是栏杆，它们的扶手。它表现为各种各样的东西；有时它呈现为一种世故而丑恶的外形，这是赛马场上的栏杆；有时它呈现为一种天真温柔的外形，这是乡村长满水芹的溪流上方桥面上的栏杆；有时它呈现为一种谨慎的防护性外形，这是阿尔卑斯山脉边线上的栏杆，那里的栏杆有花岗岩的柱子和松木条棒，守卫着悬崖的边缘和有急流的两岸。因此，在所有这些防护型栏杆中，有一种善意的、令人愉悦的或者是高贵的意义。但是铁栏杆有什么意义？注意，要么你们生活在一群卑劣之人中间，你们必须借助栏杆的强大力量将其隔离在外；要么你们自己本人就属于那种需要以相同方式被保护在铁栏杆里的人。你们的铁栏杆总是意味着将小偷挡在外面，或是将混乱局限在里面——除此之外，你们的铁栏杆**再也没有**其他任何意义。如果铁栏杆外面的人值得信任，那么以围栏的方式暗示一下对他们就足够了；但是，因为他们残暴，并且对你怀有敌意，你就不得不在其顶端安上密集的铁棒以及长钉。去年夏天，我在乡村的一间小屋住了一段时间。在我低矮的窗户前面是一些雏菊苗圃，其后是一排醋栗树和黑醋栗的矮树丛。然后出现一堵矮墙，大约三英尺高，上面覆盖着一层石芹，外面则是一片玉米田，田里尚未成熟的玉米在阳光下闪闪发光；一条田间小径从中穿过，正好经过花园的大门。透过我的窗户，我可以看见经过那条田间小径的每位村民：他们或者手提篮子，正赶往市场；或者肩挑铁锹，正赶往田地。当我打算与他们交谈的时候，我可以倚靠在矮墙上方，与任何人闲谈；当我想研究自然科学的时候，我可以沿着矮墙的顶端研究植物，因为仅在这上面我就种了四个品种的石芹；而当我想锻炼身体的时候，我可以跳过这堵矮墙，或向前跳或向后跳。那是基督教国家才有的那种围墙。你们可以轻松地跳过这种围墙，而不必像野兽一样试图奋力穿越防护栏；早晨你们往窗外看时，也不必担心会看到某人前一天晚上被卡在了栅栏上。

然而，你们会进一步观察到，铁栏杆是一种无用的围栏——它既不能庇护什么，也不能支撑什么；你们不能将桃花钉在它上面，也不能用它来保护你们的花，更不能利用它昂贵的专横特性造出什么东西；除了无用之外，它还是一种傲慢的屏障——它明明白白地对每个路人说："你也许是一个诚实的人，但你也可能是小偷：不管你是否诚实，你都不能进入，因为我是有名望的人，比你高贵得多；你只能看看我拥有的这么一个豪华的地方，自己却待在外面——在这里看看，然后屈辱地离开。"

在当前的文明状态下，这样的"对话"已经随处可见，不幸的是，许多区域仍然不可避免地要使用铁栏杆，但仍存在一个问题：你们是否完全有必要将其弄得丑陋不堪，如同一种罪恶的象征？在伦敦，你们的广场四周和你们的住地边缘都必须竖立起栏杆；但你们有必要因此而将这些栏杆丑化，以致英国所有的艺术学校给社会带来的积极影响，都被它们带来的负面影响冲淡吗？你们不需要如此。非但没有这种必要，实际上你们甚至有能力将这些铁栅栏的警戒力量转变成绘画杰作或者是自然的记录者。当然，这样做并非没有麻烦或不需要付出代价；在这个世界上，不经历一些麻烦，就不能完成任何有价值的事情；不付出代价，就不能获取任何值得拥有的事物。但是，主要问题是什么事情值得去做，什么事物值得拥有——因此，考虑一下铁栏杆是否值得拥有。这里是你们的铁栏杆，到目前为止，它依然是一个没有教养的怪物，一位阴沉的管家；它除了只会说"拒绝入内"和"滚远点"之外，就不会说别的话了。难道费一些麻烦和代价将这么难看而又凶恶的守门人换成一位受过良好教育的仆人不值吗？当他一如既往地严格禁止动机不纯的人进入时,他不应该对那些好心人说说和善的话,对他们露出和蔼的表情,同时掌握一些有用的信息,以防路人向他询问吗?

今晚,我们没有时间再看更多有关铁制品的例子,而那些我恰好掌握的例子也不一定是最好的。铁制品并不是我专门研究的主题之一,因此我只有一些零零碎碎的备忘录,而这些恰巧与我为其他理由而整理出来的独特话题有关。此外,与远古艺术中的其他种类相比,在外部使用的铁制品中更难发现好的;因为,当这种铁制品生锈且破旧不堪时,人们相信,只要自己支付得起,他们就一定会将它送到旧铁货店,而重新购置一件新的精美的门窗栅栏来代替;在意大利的大都市中,旧的铁制品就这样几乎被更换殆尽。我记得最好的露天铁制品位于布雷西亚:月桂树样的植物形铁制品喷出的迷人水柱远高出花园的大门;在维罗纳有一些精美的残片,而在斯卡拉墓地的四周也围绕着一些精致的格子细工作品;但总体而言,最为有趣的铁制品总是在偏僻的乡下城镇才能发现,虽然其风格绝不是最纯粹的。在这些乡下小镇里,人们并不在意或是没有能力做出文雅的转换。举例来说,贝林佐纳这个小城镇位于阿尔卑斯山脉的南方，而锡永这个小城镇则位于阿尔卑斯山脉的北方。这两个小城镇的阳台和葡萄园门都拥有完整的铁制品学派。贝林佐纳的铁制品是最好的，虽然其历史并不悠久，而我则推想它大部分的铁制品源于17世纪；尽管如此，这些铁制品仍非常古朴美观。例如，这里是两栋不同类型建筑的阳台，其中之一曾经属于红衣主教，因而帽子成为阳台的主要装饰。帽子的流苏具有悦人的精致和自由感；尽管掩映在茂密的叶环之间，它还是能明显引起人们的注意。这些流苏和细线正好属于适合装饰铁制品的物品类型，并且是铁制品中的一种高贵类型，基于上述理由，如果这样的流苏或细线出现在大理石上，它们会完全属于卑贱的类型。活生生的夹竹桃矗立在窗户旁边，使整个建筑物的线条更加丰富，也更赏心悦目。

另一个阳台，属于同一街道的一栋看似非常平常的房子。但是这个阳台的细节部分却更有趣。这仿佛是去年夏令时节的阳台，到处是缠绕着旋花植物的铁栅栏，而箭形的鲜嫩树叶则混合在铁制的树叶之中。……在阳台的中央是一株大的郁金香，其旁是两株头巾百合，再远一些则是两株有点抽象化的石竹花，其两旁则是两株水仙花，然后有两株难以辨识的或者说至少是我不认识的花，以及两朵黑色的蓓蕾和几片叶子。这里我之所以说是两朵黑色的蓓蕾，是因为所有的这些花都按其初始状态着色。这组花群的图解极为简单，所有的花围绕成一个有尖的拱门；一大朵郁金香构成了拱门的顶；拱门的每边都有一颗装饰用的六叶形星星；以及一颗锯齿形的星星；而后是一颗装饰用的五叶形星星；再就是一颗整齐的星星或者一朵整洁的玫瑰；最后是一朵小小的蓓蕾。通过这种整体布局，营造出了一种气氛和节奏。其剖面图则非常自由、精致，而其阳台上方的栏杆也有异常美丽的效果；这都有赖于所采用的这种绝妙而又简单的作画方式。一根细细的铁条弯曲在一根笔直的竿的上方；在这根铁条的边缘切割成一系列三角形的开口——其顶端最宽，从而呈现出一副突出的铁牙形状。而所有这些突出的部件，均被锤子稍微用力轻敲过，从而使得其边缘向里弯曲，与此同时亦将其稍微扯裂开。这样，整件作品就完成了。

与意大利阳台上的铁制品的普通形式相比，瑞士铁制品的普通形式显得不太自然，且更多地依赖于不同曲线的巧妙排列。不过，在弗里堡还有一所富有自然主义色彩的学校，在这所学校里依然保留着一些钟槌，这些钟槌都是由雕着月桂树枝以及其他树叶图案的杆棒构成的。在日内瓦，现代的改造使这些荡然无存；然而在阿讷西，还保留下来了一些好作品，尤其是老市政厅的阳台，它用湖里的一条鳟鱼——湖可能是城镇的臂膀——作为其核心装饰。

要谈对这种必需主题的处理方法，或者介绍老工人令人愉悦的奇思妙想，如果你们愿意坐在这里听我讲的话，我可以讲整整一晚。但是，我们所剩时间已经不多了，因而我必须停止讨论主题的这一部分。因为，如果不能充分理解曲线形设计的理论，我将无法把这种铁制品的内在价值阐述清楚。我只能够告诉你们这一个清楚的结论：自然界里的许多事物都有着奇特的美丽和特性，例如相互缠绕的树枝、青草、树叶（尤其是多刺的树枝和带着毛刺的树叶），以及那众多覆盖着羽毛的、拥有脊椎的或是带刺的动物。只有在铁这种材料上，这些美丽和特性才能通过雕刻表现出来，并且铁这种材料将会使这些特征的庄严性淋漓尽致地发挥出来，从而给人们留下最为深刻的印象。如果处理得当，你们所使用的金属制品也许就不仅仅是一件华丽的装饰品，如果认真看待它，它也是部分自然形态的最有价值的抽象，它所表现出的高贵与各种植物绘画的关系，恰如人体雕塑与人的肖像画之间的关系。如果要让我说明最简单的物体所具有的优雅和趣味——它们的形态又是这样从周围纷繁的环境中抽象出来的，而这种环境实际上又扰乱了我们微弱的注意力——这是一件难事。每簇青草能够装点五十个这样的组合，而每个这样的组合都会极其容易融入铁（当然，是正确地发挥自己的作用），并会带来无限的庄严。

III. 政治中的铁。我们对铁在艺术中的运用已经有了一些了解，而且其用途取决于其延展性，我当然就不需要谈其在制造业和商业中的用途了；我们所有人对它们都很了解——也许了解得还有点过多。因而我们最后就来谈谈铁在政治中的用途；这种用途主要取决于其坚韧性，也就是说，取决于其忍耐拖拉以及接受利刃割刺的能力。这些力量让它能够刺穿、约束并重击其他事物，从而使其适合于三种伟大的器具；并且，正是通过这三件器具，铁的政治作用才得到了简明的体现；这三件器具就是犁、脚镣和刀剑。

根据我们的理解,对这三件器具的正确运用,当然取决于我们作为一个国家的全部力量,以及我们作为个体的所有快乐。

1.犁。首先,我申明,根据我们对犁的正当用途的理解,为对我们最美丽的劳动者公平起见,我们必须总是将其与女性化的犁——针——联系起来。一个国家要想获得幸福,首先需要理解这两件伟大的工具在这个世界上的作用。一个幸福的国家可以这样来定义:丈夫的手扶在耕犁之上,主妇的手则握在针线之上。因此在适当的时候,农夫们将穿着漂亮的衣服,收割田地里金黄色的成熟谷物;而一个不幸的国家则可以这样来定义:因为不承认犁或者针的用途,它最终肯定会发现自己的仓库在饥荒的岁月中空荡荡的,自己的人民在寒冷的季节衣不蔽体。

也许,你们认为这是不言而喻的事实,重复这一问题只是浪费你们的时间。但愿如此。

到目前为止,在欧洲这片文明的土地上,依然存在的大部分苦楚和罪恶,其根源就在于人们不能理解这一自明之理。这些人不懂得,根据天地之法则，产品或是财富永远都是与忘我的劳作相联系的；而企图以某种方式违背或废除这一永恒的生活原则，指望在荒芜的田地里收获粮食，在荒废的织布机下获得温暖的布匹，这无疑如同水中捞月。

我再次申明，我们所有的不幸和罪恶几乎都根源于这一误解。大自然的原则是：在任何行业中，要获得一定数量的产品，必须付出一定量的劳动，付出与收获总是成正比的。要想获得知识，你们必须夜以继日地博览群书；要想获得食物，你们必须一年四季辛勤劳作；要想获得快乐，你们必须努力寻找快乐的源泉。但是有些人并不承认这一原则，或者试图逃避这一原则，与此同时却又希望能够白白收获知识、食物和快乐。在这样的"努力"之下，他们或者不能成功地获得这些成就，因而依然过着无知和悲惨的生活；或者出于自身的利益，通过使唤其他人为自己工作而获得自己的所需，因而成为暴君或是强盗。是的，甚至比强盗更坏。对这个世纪所发生的许多对人类有益的进步，我不会抱有丝毫的怀疑和异议。但是对于追求财富的过程中的欺骗和残酷，我们的态度却又如此麻木；在我看来，这暗示着人类的前景将非常黑暗。在尼布甲尼撒二世的梦中，只有**双脚**部分是铁，部分是土；但是由于我们的贪婪，我们之中的许多人现在变得如此残酷，以至于似乎我们的心也已变成部分是铁部分是土了。

据我对这个城镇的居民的了解，我怀疑我未必会被允许，在此地做我发现在别处是高度不正常和荒谬的事，即探究《圣经》中几句话的现实意义。

你们不会没注意到，当人们为日常生活之事寻找指导、安慰，或者帮助时，《圣经》中最经常被翻阅的部分可能是《诗篇》和《箴言》。这两部分提到了**欺压**穷人的罪行。请注意：不是对他们视而不见，而是对他们的**欺压**，这个词用得非常频繁，似乎它是一个新奇的词。翻开这些书中的任何一本，几乎在每页的某个地方，你们都会发现有关恶人试图欺压穷人的描述，例如：

"他拉网，就把困苦人掳去。"[1]

"他在村庄埋伏等候；他的眼睛窥探无依无靠的人。"[2]

"恶人在骄横中把困苦人追得火急；愿他们陷在

1.《圣经·诗篇》10：9。参照《圣经》和合本，下同。——译者
2.《圣经·诗篇》10：8。——译者

自己所设的计谋里。"[1]

"他满口是咒骂、诡诈、欺压;他在隐密处杀害无辜的人。[2]作孽的没有知识吗?他们吞吃我的百姓如同吃饭一样。并不求告神。[3]恶人已经弓上弦,刀出鞘,要打倒困苦穷乏的人,要杀害行动正直的人。[4]"

"他们讥笑人,凭恶意说欺压人的话;他们说话自高。"[5]

"所以骄傲如链子戴在他们的项上;强暴像衣裳遮住他们的身体。"[6]

"他们的毒气,好像蛇的毒气。[7]你们在地上秤出你们手所行的强暴。[8]"

是的:"你们在地上秤出你们手所行的强暴。"——也要思忖一下这句话。我们通常想到要思忖的最后一些东西总是《圣经》里的话。我们喜欢

---

1. 《圣经·诗篇》10:2。——译者
2. 《圣经·诗篇》10:7—8。——译者
3. 《圣经·诗篇》53:4。——译者
4. 《圣经·诗篇》37:14。——译者
5. 《圣经·诗篇》73:8。——译者
6. 《圣经·诗篇》73:6。——译者
7. 《圣经·诗篇》58:4。——译者
8. 《圣经·诗篇》58:2。——译者

想象这些字句并为之争论不休；但不会思忖这些字句，并发掘出其中的真意——我们会做任何事，但此事例外。然而，要思忖这些字句；因为我特意摘录出这些句子，如果联系起来阅读这些诗句，也许会比孤立地在各个章节中阅读这些诗句印象更深刻；因为，对这个国家的所有教民而言，这些诗篇是指定的功课，并且由牧师划出一些部分每月通读一次。因此，可以推测，不管我们读过或者忘了《圣经》的什么片段，这些片段无论如何都会不断被我们遵守，并成为我们日常生活中有益的指导。现在，我们是否自问过：这些段落的真正意义可能是什么？这些邪恶的人是谁？谁在"杀害无辜者"？你们知道这是相当与众不同的言语！第一次听到这样的话时，我们也许会称它们非常有力量。谋杀！对无辜者的谋杀！不仅如此，这简直就是自相残杀。吃人，是的，这人也是上帝的子民；吃"我"的人民，就好像在吃面包！已经弓上弦，刀出鞘，蛇毒亦已调好！沾满暴行的双手在称着、量着、交易着这么多的金币！所有这一切都是在哪里发生的？你们是否认为只有在大卫的时代才会发生这样的事，只有犹太人谋杀过穷人？如果是这样，那么不再嘀咕、咕哝那些与我们毫不相关的日常功课，毫无疑问是明智之举；但是如果这与我们有关，且如果《诗篇》中对人类罪行的描述，与《诗篇》中对人类悲伤的描述一样可普遍适用的话，那么，知道这种罪恶正在我们周围发生着或是由我们造成的难道不是明智之举？而当我们以会众的方式诵读《圣经》的字句时，要确定我们只是在吟唱一首涉及他人（我们并不确切知道与谁相关）的旋律美妙的诗歌，还是在确立我们对与我们自身，以及日常事务迫切相关的事实的信念。如果你们下定决心不再这样做，并且费力调查事情的真相，你们将会发现这些奇怪的语句，正如实际情况所示，并不仅仅出现在一些地方，而是几乎出现在每一首赞美诗、每一章箴言或预言之中，并且被高度重复，它们非为某个国家或者某个时代而作，而是为所有的国家及语言而写，为所有的地方和所有世纪而写；今天的恶人依然和从前的拿八或者财主一样，"他的眼睛窥探无依无靠的人"。

请注意"他的眼睛**窥探**无依无靠的人"。这并非意味着**不注意**这些无依无靠的人，以便忽视或者无视他们的存在，而是盯着他们，以便折磨和摧毁他们。这是我希望你们重视的主要观点。你们会时常听到有关对无依无靠者无知和粗心的布道。但是，无知和粗心根本不是事情的本质。《圣经》几乎从不谈论对无依无靠者的无知。《圣经》谈的是另外一种非常不同的内容，即对无依无靠者的**欺压**。它不仅谈及人们对无依无靠者的漠视和冷淡，他们的伤口得不到包扎；也谈及有人抽出刀剑，以及我们将他们践踏在脚下。它并没有指控我们在收容院里空虚无聊，也不给我们药吃；而是指控我们在收容院里忙碌，只为了给他们准备很多毒药。

今晚，我们能不对这个问题稍微深入探讨一下吗？并且首先来问问：这些无依无靠的人是谁？

没有哪个国家现在或将来会没有他们的存在：也就是说，没有这个一般说来靠劳动无法谋取必要的生活资料，并不能积累一定数量的财富的阶级的存在。现在对这个已有一定数量的阶级，我们不能再严酷地压迫他们了。一个身体强壮而又聪明的工人——清醒、诚实、勤勉，几乎总会要求自己的工作得到相当的报偿，并且在数年内筹集足够的钱，使自己在劳动市场中占有一席之地。但并非所有人都身体强壮，也不是所有人都聪明，更不是所有人都勤勉；你们不能期待他们都这样。在我看来，没有什么比当前这个时代的人讨论劳动者的道德更荒唐、更让人忧心忡忡的了。当你们以一个劳动者的生活前景为话题与他们进行探讨时,你们除了对他们说:尽管最初他们只是一些很不起眼的小角色,但他们有朝一日也将拥有苏格拉底的品德、柏拉图的学问以及伊巴密浓达[1]的英勇之外,几乎想不出别的话题。"我的好小伙子,我向你保证,"你们对他说,"在你的整个一生中,如果你每天都能够坚持工作十小时;如果你除了喝水不喝其他饮料,或者只是喝点最温和的啤酒,如果你仅仅吃最普通的食物,从不发脾气,而且你每个星期日去做礼拜,对上帝给予你的地位,你总是能心满意足,而且既不抱怨也不诅咒;如果你总能衣着得体,早起,并且充分利用好提高自己的每个机会,那么你将会生活得非常好,而且永远不会沦落到需要教区救济才能生存的境地。"

所有这些都非常真实;但在充满信心地提供这些忠告之前,如果我们能够不时地将之付诸实践,并且用一两年的时间来体验一下辛苦的体力劳动,

---

[1] 伊巴密浓达(Epaminondas,公元前418—前362年),古希腊城邦底比斯的将军与政治家。——译者

比如耕种或者挖掘之类，而非娱乐型的活动，并且只非常适度地喝点啤酒；晚餐只有面包和干酪；早晨没有报纸和松饼；晚上没有沙发和杂志；只有一间既当客厅又当厨房的小房间；一大群孩子总是挤在地板的中央。在这些环境下，如果我们认为自己完全可以按自己的意愿扮演苏格拉底或伊巴密浓达的角色，那么在某种程度上，我们就可以正当地要求我们较贫穷的邻居也拥有同样的举止；但是，如果我们做不到这点，我们当然应该稍微考虑，在对无依无靠者的各种不同形式的欺压之中，是否应将对他们期望值过高这种欺压，列为我们对他们最首要和最可能的欺压方式。

但我们不讨论这一问题；大家公认的是，在欺压那些清醒、勤勉、聪明和模范的劳动者的时候，我们从没产生过负罪感。在这个世界上总有一些完全不聪明也不模范的劳动者；我相信，我们最终会发现大多数劳动者都有点愚笨和懒惰，偶尔还会在星期六的晚上喝得酩酊大醉；我们一定会常常听到对这些劳动者的指责，如周日早晨宁愿玩九柱游戏也不愿意去祈祷；一些不近人情的父母宁愿将孩子送出去乞讨，也不送他们去上学。

现在这些人就是你们**能欺压**的那种人，也是你们确实欺压着的人，并且是有目的地欺压着的人——你们使用了一切更残酷、更强烈的惩罚，因为正是由于他们自己的过失，才落入你们的权力之下。你们都知道描述恶人的那句话，即"他拉网，就把困苦人掳去"。被掳到网中总是出于被掳者的愚蠢或错误——他自己的粗心或他自己的放荡；但一旦进到网中，对他们的欺压，给他们制造万分的痛苦，都是我们所为。我们用来对付无依无靠者的网，事实上正是那些俗世的困窘，而这些困窘则源于他们几乎总会不时出现的无知以及目光的短浅：就在那时，我们原本应该伸出援助之手，将他们从困窘中解救出来，并且告诉他们如何更好地创造将来，但我们却冲上前去**掠夺**他们的财富，并且在其不幸的时候，尽自己最大的努力去将其剥削殆尽。对此，我们只需要举一个例子，要记住，这实际上只是我们在购买或者设法购买廉价货物时，我们做了什么——我们知道这种货物所售价格不能抵偿其中所包含的劳动。每当我们购买这种货物时，请记住我们是在盗取他人的劳动成果。我们不要对这件事遮遮掩掩。换句通俗易懂的话说，**盗窃**，就是夺去他从工作中应得的报酬，而放进我们自己的口袋。你们非常清楚，若非因为某种不幸逼迫生产者忍痛割弃，这些货物不可能以那样的价格出售给你们。你们利用了这种不幸，并且在这种情形下，尽你们所能对其进行最大程度的剥削。中世纪的老男爵一般靠拇指夹来勒索财产，而我们现代人则倾向于借助饥饿或者家庭的痛苦来勒索财产，但二者勒索的实质是毫无二致的。我们巧取豪夺他人财产时，是压迫他们的肠胃还是挤压他们的手指，在解剖学上确实有些不同，但是在道德方面，二者丝毫没有区别。为了达到让他人放弃财产的目的，我们使用了某种折磨的形式；的确，我们利用了人自身的焦虑，而不是拷问架；我们利用了饥饿带给他们的直接危险，而不是将手枪顶在他们的脑袋上；但我们与佛伦特·德·博夫或者狄克·特平[1]的唯一不同，只是我们不那么灵巧，更懦弱，也更残暴。我之所以说更残暴，是因为据说那些暴躁的男爵和可怕的拦路群盗只抢夺富人，至少是喜欢抢夺富人；而我们却习惯偷窃无依无靠者。我们用从儿童和病人的工资

---

1. 佛伦特·德·博夫是法国贵族，狄克·特平是18世纪英国的江洋大盗。——译者

里剥削来的钱购买华丽的服饰，为祈祷书镀上金箔，我们精心花费盗来的钱，以此来最大可能地消弭因盗窃而带来的微妙的精神痛楚和不安。

但这只是欺压无依无靠者的普通形式之一——只是一种让我们自己的手脱离犁耙，而将别人的手绑在上面的方法。剥削的第一种途径是节俭的方式，审慎的人和有品德的人偏好这种方式。更大胆也更易于达到目的的方法是做投机买卖。你们知道，目前我们正在探索一个国家腐败的各种模式，即不承认犁和快乐之间的永恒联系，但却又希望不劳而获地获得快乐。好了，我说过，想要拥有这样的生活，首要的而又最通常的方法是设法获得他人生产出来的产品，并且在他们不幸的时候，通过贬低其产品的价值，而让我们自己享有其成果。然后是第二种最主要的方法，即瞄准市场里的商机，也就是做投机买卖。当然，有些投机买卖也是公平诚实的：我们用自己的钱去投机，并且我们的获益中不包括他人的损失。但是一般而言，现代的投机买卖对他人造成的危险很大，而获益的机会只属于我们自己。甚至最好的投机买卖也只是赌博或敛财的众多形式之一；它要么是放弃生活中平稳的犁耙，或持之以恒的朝圣之旅，而去寻找路旁的银矿；要么是在浮华世界的赌桌旁完全停步不前——把你灵魂的所有思想和激情都投入到纸牌的起落中，并且宁愿选择去做那些疯狂的买空卖空之事，而不去靠辛苦劳动稳定积累报酬。至少对我们人类的和平和道德而言，这种做法足以毁灭我们。但这种做法毁灭的还不局限于我们的和平和道德。任何从事大宗买卖的商人或者有多个分部的银行，其失败都必然带来苦楚、罪责和死亡，你们曾经设身处地想象过或者估量过这些后果吗？从最低的想象来思考这件事——你可以选择其中损害最少的事例来算一算有多少家庭的生计卷入到了这种大灾难。然后，清晨，在测算完毁灭的程度之后，我们带着热切的想法走进他们的生活；让我们运用自己时常虚耗在虚构的烦恼中的想象力，来估量这一巨大的灾难所带来的严酷事实。敲开他们私人房间的门，静静地进入家庭悲哀之中；看这些老人，他们由于体力逐渐不支，为安度晚年辛苦积累了一些钱财，现在却无助地重新陷入麻烦和动乱之中；看这些一度活跃的中年人，他们现在也突然陷入了困境——他们的希望破灭了，费尽艰辛挣的钱在同一瞬间被抢劫一空——他们的精神顿时颓丧下来,右手无力地垂下;看这些可怜的儿童,他们曾被精心养育,但他们柔和的双眼,此时睁得大大的,不知父母为何而悲伤,他们很快将被饥饿的阴影笼罩;然而,还远远不止这些,我们继续向前看,一直看到尽头那些生活中最艰辛的劳动者,他们现在不得不经受难以预料且从未经历过的严峻考验和所有痛苦,否则就从头做起,在曾经怀有的希望的废墟中,在以前岁月的脆弱中,受二茬苦,这更痛苦,因为毁灭所造成的内在情感的持续刺激和嘲弄——并非源于特定环境下的公平途径,而是源于悲惨的际遇以及肆意的背叛——会让人更痛苦。越过这些,我们最后会看到那些在考验下退缩,从恢复走向绝望的沉沦者的破碎命运。然后我们再想一想这只将毒药倾入所有生命之泉的手,与另一只将毒人参中提取出的毒药注入杯内的手,或者将匕首刺入心脏的手相比较,是否更少一些罪恶的红色?在读到博尔吉亚或托凡那[1]的罪行时,我们心中充满了恐惧;但在我们的生活中,现在已经不再有博尔吉亚之类的人。费拉拉的那个残酷女人只

---

1. 博尔吉亚出身于15—16世纪的意大利权门,托凡那是一个英国贵族。——译者

是在激情的力量下杀人——她只杀了一些人，那些违背了她的意愿，或是骚扰了她的心灵的人；她的屠杀急遽而突然，毫无征兆就毁灭了受害者的命运，并没有痛苦的延伸；而最后的也是最主要的一点在于，她杀人不是没有自责，也不是没有遗憾。但是我们，既没有暴风雨般的激情，也没有愤怒来蒙蔽我们的双眼；我们在平静、明确以及未受引诱的自私心态之下，倾出我们的毒药——不是倒给几个人，而是为众生准备；不是为那些虐待过或者抵抗过我们的人准备，而是为那些曾经信赖并且帮助过我们的人准备。我们也没有仁慈地馈赠突如其来的、无意识的死亡，而是用饥饿以及失望和绝望带来的折磨和疲惫将他们慢慢吞噬。最后，也是最主要的一点，我们进行谋杀时的心态，并没有任何因为同情或者良心的谴责而出现过犹豫，而是泰然自若并且非常健忘地平静。确实，面对这一切我们甚至有些沾沾自喜，好像《圣经》中用于描述恶人的"嘴唇里有虺蛇的毒气"[1]，"他们急速流人的血"[2]，指的是其他人，而不是我们自己。

1.《圣经·罗马书》3：13。——译者
2.《圣经·箴言》1：16。——译者

或许，你们确实会认为，正是因为这种罪恶是在如此无意识的状态下发生的，因而在这种事上，有很多是情有可原的；你们确实会认为，在这种罪恶不被理解时，罪行就不那么大了；你们确实会认为，无心的杀害比蓄意谋杀更值得原谅。我相信再没有比这更荒唐的想法了，而这就存在于现实之中，并且就在这朗朗乾坤之下；正是因为这种冷漠无情，人们为了追求个人的利益才不惜任何代价，虽然他们不曾有过明确的罪恶企图，但与失去控制的、激情的、最狂野的失常相比，他们已经陷入一种更可憎且更无希望的精神状态。在前一种情形中，他们性格中也许依然混杂着一些仁慈和赎罪的念头；但在其他情形中，却几乎没有或全部消失了。我们对因愤怒而杀害其仇敌的人或许还抱有希望；甚至对那种因为恐惧而出卖朋友的人也依然抱有希望；但是那种拿他人的鲜血做交易且毫不在意的人，以及那种将财富建立在不知悔改的背信弃义之上的人，他们还有何希望可言？

但是，无论这种罪恶是什么，也无论你们认为自己的正义感促使你们将这一重大罪恶归咎于什么地方，你都要相信这个问题只是一种责任之一，而不是事实之一。我们现代人均是匆匆致富,由此导致的明确后果肯定是且总是:每年我们的双手都会谋杀一些人。我已经没时间再对另一问题进行详细探究了,简单地说,我们造成无依无靠者毁灭的最普遍且最可怕的方法——奢侈和浪费的方法——正在毁掉数以千计的人的生存资料。但是如果你们自己在家里将这一主题研究透彻——只有这样做,我今晚努力要告诉你们的观点才会有用——你们将会发现,无论何时何地,人们都在尽量**快速赚钱**,并且努力逃避劳动,尽管上帝已经明示只有劳动才是获得光明正大的利润的唯一来源;同样,无论何时何地,他们都纵容自己**铺张浪费**,而从不反省他们给其他人的劳动带来的负面影响;那么彼时彼地,甚或在两者中的任何一种情况下,他们都为了自己的利益或为了自己的享受,而在实际上确实有效地造成每年一定人口的死亡;因而,出生在这个世界上的每一个人所能有的选择只是:或者成为一名劳动者,或者成为凶手;无论是谁,只要不愿手扶犁耙,就会手握匕首。

铁在脚镣和刀剑方面还有着另外两种重要的政治作用,要让我今晚尽力概括出它们所表达的思想概要也是徒劳无益的，我只能简单谈谈与这两者相关的一些内容。

2.脚镣。正如犁是工业的典型工具，脚镣是一个国家限制或者征服他人所必需的典型工具。它或者有实际作用，那就是针对为恶者；或者只具法律范围内的象征意义，那就是针对智者和好人。你们必须在其象征用途和实际用途中选择一个。因为根据这一选择，你们接受的法律越多，你们不得不忍受的处罚就越少，而施加于你们身上的惩罚也就越少。对一个高尚的民族而言，明智的法律和公正的限制并非镣铐，而是增强你们的力量并且保护你们的锁子甲，虽然它也是一种累赘。要记住，对人来讲，这种必要的限制就如必要的劳动一样光荣。每天，你们都能听到许多愚蠢的人在讨论自由，似乎自由是一件多么光荣的事情。但是事实远非如此。总的来看，从最广泛的意义上讲，自由不是什么光彩的事，而是低等生物的一种特性。任何人，不管他多么伟大，也不管他多有权力，他都不能够像鱼一样活得自由自在。在人的一生中，总会存在一些他必须做或者不应做的事情，而鱼则可以做它喜欢的任何事情。把全世界的领土拼在一起，其面积也没有海洋的一半大；已经建成或即将建成的所有铁路和车轮都不可能似鱼鳍一样轻松自如。只要认真思考这个问题，你们就会发现，人的高贵来自其所受的限制，而不是其自由；而更为重要的是，甚至在低等动物中，限制亦给其带来了尊贵。蝴蝶比蜜蜂更加自由，但是你们却给予蜜蜂更多的尊贵，就是因为蜜蜂受制于特定的法则，而这一法则使蜜蜂能适应其在蜜蜂社会中应承担的功能。在整个世界里，在自由和限制这两种抽象的事物中，限制总是一种更为光彩的事。的确，在这些以及其他所有事情中，你们从来都不能自抽象中得出最终的推论，这是事实，因为只有当自由和限制得到高贵的选择时，它们才是好的，当它们得到卑贱的选择时，它们就是有害的；但我要重申，在这二者中，限制代表了高等生物的特色，并且改善了低等生物；而且，上至天使的工作，下至昆虫的职责，远至众多行星的平衡，近至一粒灰尘所受到的地心引力，所有生物、所有物质的力量和光荣都存在于它们的服从，而不是它们的自由之中。太阳没有自由，而凋零的树叶却拥有很大的自由。形成你们身体的尘土没有自由，但是当你们的身体腐败的时候，这些尘土将会重新获得它们的自由。

因而,我敢大胆地说——尽管在英格兰这样说似乎是一件奇怪的事——鉴于一个国家的首要力量在于懂得如何用犁,那么它的第二力量则在于懂得如何戴脚镣。

3.刀剑。一个国家的第三种力量是刀剑,它让一个国家变得完善,这种力量在于懂得如何挥舞刀剑。因此国家存在的这三件法宝,应该以这三个短语来表达,即"劳动""法律"以及"勇气"。

我们至少拥有最后一种美德;我们所受的批评只是我们不曾给予它足够的荣誉。我不是说那种对服务的承认带来的荣誉,尽管有时候我们连这一点都不能尽快做到。然而,一直以来,我们都不曾给予它与我们士兵的生命和灵魂相一致的荣誉。看看最近关于士兵因病致死的报告,你们就会看出我们是多么肆意地浪费着他们的生命,而只要稍微照料他们或稍具科学知识就可以避免这类事情的发生。但我们对士兵灵魂的重视程度还不如对其生命的重视,我们让士兵一直处于蒙昧无知、空虚无聊状态,只将他们当作战争的工具。围绕是否保留常备军而发生的争论,只提到军队是突发战争状态下的权宜之计；然而，维持一支军队的最主要的理由，乃是因为军事系统作为一种教育方法所具有的优越性。你们中那些最热情而又最任性的年轻人，通常也是你们当中最有天分并且最有雅量的人，无论他们是来自上层社会还是出自下层阶级，他们总是可能成为你们的士兵——其他那些羸弱且不适合服兵役的人，则是因经不住诱惑或受到诱骗而在一个对他们而言幸运的时刻入伍——除了这种热情或粗俗的个性，只有接受士兵的纪律才能实现他们的全部价值，充分展现出他们的力量。甚至在目前，仅仅靠着命令与权威，军队就成了大众的救星。那些处于其他环境之下，会整日花天酒地、挥霍无度，过着了无生气的生活的人一旦接受召唤，履行兵役，他们必定会焕发出活力，恢复自己高贵的生活。至于怎样做才能让军事教育发挥更大的作用，只有当你们让军事教育成为现实时，你们才会找到答案。我们没有理由让我们的士兵总是处于目前这种无知和缺乏教养的状态，因为我们总会发现，不管是军官还是士卒，最温文尔雅而又最见多识广的人通常也是最勇敢的人。不管是鉴于目前的国际国内政治形势，还是考虑到与此相关的各种综合因素，我们仍缺少裁兵的理由，我相信，在这个世界上，多年后这才会成为现实。

或许，对于我这种说法，你们会感到诧异。你们或许诧异我暗示战争本身可以是正当的，或者是必要的，或者根本就是高尚的。但是我并没有说所有的战争都是必要的，我也没有说所有的战争都是高尚的。是和平还是战争，是高尚还是可耻，完全取决于它们的类型和时机。在这个世界上，对于可耻的战争所带来的恐怖和罪恶，我想没有人会像我体会得那么深。我曾经亲眼看到剑拔弩张的战争对于各个民族、对于人们的身体和灵魂的影响；而在你们聆听那些为和平而四处奔波演讲的人之时，你们将会在他们的语调、神情以及动作中，发现他们拥有同样多的同情，并且拥有同样多的义愤和辛酸。但是和平可以凭借两种方式去寻找。其中一种是犹太勇士基甸[1]的方式。当基甸在俄弗拉建造圣坛的时候，他将其命名为"上帝送来和平"，从而获得了他所钟爱的和平。由于他被要求寻求和平，于是和平以上帝的方式被送到了人间："基甸还在的日子，国

---

[1] 基甸是《圣经》中的人物，是以色列的一个士师，曾率领300人打败十几万米甸敌军，使以色列太平40年。——译者

中太平四十年。"[1]而另外一种寻找和平的方式则是米拿现[2]式的。米拿现在寻找和平的时候，送给亚述王一千泰纳特银子，并且告诉他"上帝会与你同在"。也就是说，你们或者可以赢得自己的和平，或者可以买来自己的和平。赢得自己的和平，就必须抵制邪恶势力；买来自己的和平，就必须与邪恶势力妥协。你们可以用沉默的良心买来自己的和平；也可以通过撕毁誓言买来自己的和平；你们可以用自己的谎言买来你们的和平，也可以通过卑微的默许买来你们的和平；你们可以通过世界上所有被屠杀者的鲜血、俘虏的哭泣，以及迷失的灵魂的沉默，买来你们的和平。而你们则微笑着坐在自家平静的壁炉旁，早晚口齿不清地念着舒适的祷词，数着你们漂亮的新教珠串（都是黄金制成的扁平珠子，而不是和尚佩戴的圆形乌木佛珠），你们不停地喃喃自语，"和平，和平"；但对你们以及被你们遗弃的人们而言，没有和平，只有囚禁和死亡——而你们的世界比他们的更黑暗。

我不能对你们说出我对这件事的看法；什么才

1.《圣经·士师记》8：28。——译者

2. 米拿现是《圣经》中的人物，以色列第十任国王。——译者是我们伟大的世界职责，迄今为止，对这一问题，我们所有人都不甚清楚，因此难以对其扩大的阴影加以概括。但是，今晚在你们回到自己安静的家中时，你们一定要仔细想想我说过的话，要想到他们并不是靠你们的双手而获得和平，也不是为你们而获得这些和平；他们是凭自己的双手获得和平，尽管他们在很久以前曾经为了你们——他们的孩子而冒着生命的危险；你们要记住，只有通过冒同样的危险，你们所继承的和平，以及其他和平才能得以保持。没有任何和平是凭托词或协议就能从命运之手中获得的；对我们之中的任何人而言，都永远没有储备的和平，而只有通过战胜耻辱或罪恶赢得的和平——战胜那种欺压的罪恶，以及腐化的罪恶。在将来的许多年内，每一个正直国家都必须磨亮刀剑来挽救自己，或是征服侵入者；当人们将自己的刀剑打成犁头，将矛打成修剪刀时，当人们不再了解战争时，泥土中的铁将会发生伟大的变化，而你们要促使这一伟大转变早日到来，不要靠他人的痛苦忍耐，而要靠你们自己的无私奉献。

图书在版编目（CIP）数据

论艺术与生活/（英）约翰·罗斯金著；孙宜学，张改华译. —北京：商务印书馆，2023
（伟大的思想. 第一辑）
ISBN 978-7-100-22297-6

Ⅰ.①论… Ⅱ.①约…②孙…③张… Ⅲ.①艺术哲学—研究 Ⅳ.①J0-02

中国国家版本馆 CIP 数据核字（2023）第062106号

权利保留，侵权必究。

伟大的思想 第一辑
论艺术与生活
〔英〕约翰·罗斯金 著
孙宜学 张改华 译

商 务 印 书 馆 出 版
（北京王府井大街36号 邮政编码 100710）
商 务 印 书 馆 发 行
山东临沂新华印刷物流
集团有限责任公司印刷
ISBN 978-7-100-22297-6

2023年9月第1版　　开本 787×1092　1/32
2023年9月第1次印刷　印张 46¾

定价：260.00元（全十册）

图书在版编目（CIP）数据

论人的自由 /（古罗马）爱比克泰德著；李小均译. —北京：商务印书馆，2023
（伟大的思想. 第一辑）
ISBN 978 – 7 – 100 – 22297 – 6

Ⅰ. ①论… Ⅱ. ①爱… ②李… Ⅲ. ①新斯多葛派—哲学理论—古罗马 Ⅳ. ①B502.43

中国国家版本馆 CIP 数据核字（2023）第062013号

权利保留，侵权必究。

伟大的思想 第一辑
论 人 的 自 由
〔古罗马〕爱比克泰德 著
李小均 译

商 务 印 书 馆 出 版
（北京王府井大街36号 邮政编码100710）
商 务 印 书 馆 发 行
山东临沂新华印刷物流
集团有限责任公司印刷
ISBN 978 – 7 – 100 – 22297 – 6

2023年9月第1版	开本 787×1092 1/32
2023年9月第1次印刷	印张 46¼

定价：260.00元（全十册）

正如一个人和女友在一起整夜不睡，你不能说他"勤奋"。我也不会。[42]如果他整夜不睡，为的是名誉，我会说他是有野心的人；如果为的是钱财，我会说他是贪财之徒。[43]但是，假如他是为了提升精神，那么，唯其如此，我才会说他勤奋。[44]不要因为有共同立场就赞美或指责一个人；你只需看看他的判断，那才是决定性因素，决定了一个人的行为是善还是恶。

[45]切记，欢迎现在的处境，接受现时的事物。[46]当你发现，学到和分析过的理论，正受到现实的检验，你要感到高兴。如果你成功地消除或减少了不良习惯，如吝惜、尖刻、粗心、秽语、懒惰、散漫；如果以前感兴趣的东西现在不再感兴趣，或者不再像以前一样感兴趣，那么，你每天都可庆祝，因为你每天都过得清白。

[47]这比当上执政官或总督更值得庆贺；因为你只需感谢自己，感谢神。因此，你要记住，这是谁的恩赐，恩赐给谁，为什么要恩赐。[48]将这些记在心里，你还会怀疑你未来的幸福在哪里吗？你还不知道如何获得神的欢心吗？无论在哪里，与神不都是一样的距离吗？不管从哪个角度，事物不都同样可见吗？